Lotins Baheri N'kekeni

Ruth, une Histoire dans l'histoire

Lotins Baheri N'kekeni

Ruth, une Histoire dans l'histoire

Un parcours des héros

Éditions Croix du Salut

Imprint

Any brand names and product names mentioned in this book are subject to trademark, brand or patent protection and are trademarks or registered trademarks of their respective holders. The use of brand names, product names, common names, trade names, product descriptions etc. even without a particular marking in this work is in no way to be construed to mean that such names may be regarded as unrestricted in respect of trademark and brand protection legislation and could thus be used by anyone.

Cover image: www.ingimage.com

Publisher:
Éditions Croix du Salut
is a trademark of
Dodo Books Indian Ocean Ltd. and OmniScriptum S.R.L publishing group

120 High Road, East Finchley, London, N2 9ED, United Kingdom
Str. Armeneasca 28/1, office 1, Chisinau MD-2012, Republic of Moldova, Europe
Printed at: see last page
ISBN: 978-620-6-17032-7

Copyright © Lotins Baheri N'kekeni
Copyright © 2024 Dodo Books Indian Ocean Ltd. and OmniScriptum S.R.L publishing group

In Memoriam

À Shekkinah Kahindo Mubekwa Jeanne,

Ma fille qui est partie trop tôt pour rejoindre la Gloire de Dieu

Remerciements

Il est écrit : « Soyez reconnaissants » (Col 3, 15c). Nous rendons gloire à Dieu qui nous a permis de réaliser ce projet, un message destiné aux différents lecteurs et enfants de Dieu. Ce bouquet est le fruit d'une expérience de parcours avec le Seigneur, qui ne cesse de se manifester de différentes manières au milieu de son peuple et qui nous appelle à chaque fois à avoir une nouvelle interprétation de ses passages.

Nous remercions le professeur Jules Kamabu, directeur et responsable du 3ème cycle à l'ULPGL (Université Libre des Pays des Grands Lacs) et responsable de la chaire de Théologie Systématique. Outre ses fonctions académiques, il a accepté de lire les premières copies imprimées de ce bouquet pour y apporter ses corrections. Il a également accepté de préfacer cette œuvre de son étudiant. Ses conseils et remarques resteront toujours d'une importance capitale.

Nous remercions également le professeur Vincent Muderhwa, professeur du Nouveau Testament et directeur de notre mémoire de théologie, actuel Secrétaire Administratif de l'ULPGL/Goma (RDC). Il nous a toujours sensibilisés aux problèmes du peuple de Dieu et nous restons dépendants de ses observations, qui ont éveillé en nous une curiosité vis-à-vis des vies des brebis de Dieu.

Les différents échanges que nous avons eus avec les révérends Damien Wabomundu et Esaïe Kehya, tous deux pasteurs à Kinshasa, ont amplifié notre désir d'écrire et nous ont permis d'affirmer certaines hypothèses sur des vies qui semblent croire à l'inexistence de Dieu.

Nous sommes reconnaissants pour le coup d'œil de Monsieur Jean-Romain Malwengo Kingenzi, chef de la section Musique de l'Institut National des Arts. Bien qu'il ne soit pas du domaine de la théologie, sa lecture formelle a permis de rendre ce texte encore plus clair. Qu'il se sente ici apprécié.

Nous exprimons également notre profonde gratitude au Groupe Néhémie le Bâtisseur (GNB) pour leur soutien indéfectible. Ce travail est né de cette famille chrétienne, dont l'histoire de chaque membre est un témoignage de l'œuvre de Dieu. Une famille qui crée et forme des leaders inspirés par la foi et l'éthique chrétienne, faisant de l'histoire de chaque membre une illustration des actions de Dieu. Certains ajouts constructifs de ce livre sont le fruit des échanges lors de notre première présentation du contenu synthétique de l'opuscule. Que chaque membre du GNB, de près ou de loin, se sente remercié.

Enfin, je tiens à remercier Lysa Kanyere, mon épouse, pour sa patience, car je suis souvent absent à ses yeux, consacré au service du peuple de Dieu dans leurs familles et cellules.

Lotins Baheri N'Kekeni

Préface

La conversion, ou plutôt la repentance, a toujours été rendue par le mot grec *metanoïa*. Traduit simplement, cela signifie faire demi-tour, et non un tour complet pour revenir à la case départ. Une fois ce demi-tour accompli, la vie prend une nouvelle direction. Cette expérience de la conversion est le fil conducteur qui traverse cet opuscule. Que ce soit dans la structure du livre ou dans la signification des noms des personnages principaux, tout concourt à la découverte de cette thématique. Ruth, une Moabite étrangère aux promesses de Dieu, bénéficiera de la grâce miséricordieuse de Dieu. En l'accueillant sans détour, à travers ses mots et ses gestes, elle acquiert une nouvelle identité et se retrouve dans la généalogie de Jésus, le Sauveur de l'humanité. Dieu seul est capable de changer l'identité d'une personne, quelle que soit son origine.

Beaucoup de gens se concentrent sur eux-mêmes sans s'ouvrir à la grande miséricorde de Dieu. Ils mènent une vie spirituelle médiocre, centrée sur eux-mêmes, prise dans une boucle sans fin, sans possibilité d'ouverture vers Dieu et d'engagement sans restriction pour Lui, de qui nous avons l'existence, le mouvement et l'être. Une telle vie n'a pas de sens car, confrontée aux aléas de l'histoire et aux vicissitudes de la vie, elle s'efface au gré des vagues de ces vicissitudes.

L'auteur de cet opuscule souhaite attirer l'attention de chaque lectrice et lecteur sur quelque chose de fondamental : que chacun soit ce qu'il ou elle est, mais au cœur de Ruth. Cette dernière a su profiter de chaque opportunité offerte par la grâce pour monter en dimensions spirituelles et, in fine, se retrouver dans la généalogie du Sauveur de l'humanité. Comme mentionné précédemment, Dieu seul est capable d'opérer cette transformation lorsque l'on s'ouvre à sa grâce. De Mara, la souffrance, l'amertume, Dieu change en Naomi, l'agréable ; de Ruth, une veuve précoce et sans histoire, Il fait l'ancêtre de David, et donc, indirectement, du Sauveur. La lecture de cet opuscule invite chaque lectrice et lecteur à avoir cette toile de fond : Dieu est capable de transformer votre vie pour un engagement sans complaisance.

À travers cet opuscule, vous découvrirez comment la providence de Dieu est au cœur de notre histoire personnelle et familiale. Vous verrez aussi comment la grâce agissante donne une identité à celui ou celle qui n'en avait pas. Ruth, une étrangère, se retrouve ainsi dans la généalogie de Jésus, le Sauveur de l'humanité. Nous recommandons la lecture de cet opuscule pour affermir votre foi. Dieu seul est capable d'écrire votre histoire, même à travers des lignes que vous ne comprenez pas, pour vous donner une nouvelle identité. Que Dieu bénisse ces efforts pour présenter ce livre dans un langage simple et intelligible, afin de montrer ce que Dieu peut produire dans la trame de l'histoire de toute personne sans identité pour en acquérir une nouvelle. Ce miracle peut encore se produire dans votre vie, chère lectrice, cher lecteur.

Jules Kamabu Vangi Si Vavi
Professeur des Universités

Introduction

Il est parfois difficile de parler d'un Dieu miséricordieux dans certains contextes de la vie, notamment lors de moments de mort, de souffrance, de chômage, de stress et autres situations bouleversantes. Ce tableau sombre peut empêcher un cœur blessé de percevoir Dieu sous un nouveau jour, le poussant plutôt à s'éloigner davantage de Lui. Pourtant, Dieu s'est toujours révélé comme miséricordieux ! Cependant, cette conception risque de devenir un simple slogan. Tout le monde court ce risque de réduire la miséricorde de Dieu à un slogan vide de sens.

Nous avons eu à cœur d'écrire cet opuscule alors que nous étions responsables dans l'une des chapelles de la Communauté Baptiste au Centre de l'Afrique (CBCA) à Kinshasa, dans la Commune de la N'sele (Bibwa). Motivés par une pastorale de proximité, au milieu du peuple, nous avons observé qu'il existe une cour normale de la vie : naître dans une famille, être aux côtés de son père et de sa mère, et être témoin des sourires de ses frères et sœurs. Cependant, nous avons constaté qu'il existe, ou peut-être faisons-nous partie, de ceux qui n'ont jamais connu cette normalité. Un nuage de malédictions semble accompagner certaines vies. Le désespoir envahit les cœurs en pleine gestation, ceux qui ont vu leur parcours de vie être brisé par les vicissitudes de la vie. On dirait que la visite de Dieu consistait à prendre les nôtres pour la félicité éternelle.

Notre conviction est que cette thématique est d'actualité. C'est notre vie ! C'est une question d'histoire et d'expérience. Depuis tout ce temps, jusqu'à notre mutation vers Limete /Kinshasa, nous avons été des observateurs attentifs de notre milieu ambiant. Nourris par les expériences de vie de ceux qui nous ont précédés dans le ministère pastoral, nous avons constaté qu'il existe toujours une issue heureuse que Dieu réserve à ses enfants.

En effet, loin des moments roses et des promesses réjouissantes, la Bible présente aussi des exemples de vies compliquées où Dieu, le miséricordieux, semble silencieux face à des situations difficiles. De ce point de vue, Job est un exemple éloquent. Mais ici, ce qui nous intéresse, c'est l'histoire de Ruth. Nous pensons aborder, dans cette analyse, quelques versets du livre de Ruth afin d'inviter notre lectrice/lecteur à continuer à croire qu'il est possible de garder espoir pour l'avenir, même si le présent semble occulter la réalité d'un but honorifique que Dieu prévoit. Retenons d'avance que la vie sur terre n'est qu'un tableau peint, et qui peut être repeint par Dieu lui-même, source de toutes destinées.

Ce livre de Ruth est le seul livre de l'Ancien Testament (AT) qui a fait l'objet de notre méditation personnelle pendant un temps donné. L'implication directe est qu'il nous permet d'écrire une confession de foi. Le livre de Ruth se présente avec une toile de fond frappante. Il fait partie des livres historiques de l'AT, selon la subdivision de la version Louis Segond. Pour rappel, ils sont au nombre de douze[1] dans le Canon. Nous y reviendrons plus tard. Nous ne pouvons que le divulguer car il fait renaître l'espoir.

En tant que pasteur et théologien de formation, notre obligation est d'enseigner le peuple de Dieu. Nous avons donc pensé à étaler une certaine passivité opérante et transformatrice des vies et des mœurs des hommes. Dieu connaît notre histoire, notre vie, tout en restant invisible et passif. Appelé à faire des disciples et à inviter les nations à croire en la Parole de Dieu, les instruire et les conduire vers le Seigneur Jésus-Christ, Maître de l'Église, nous avons été motivés par le caractère unique de ce livre. C'est le seul livre qui porte le nom d'une Moabite (Gentil) dans une alliance judaïque. C'est inattendu ! Le Seigneur nous a persuadé de mettre cet

---

[1] Il s'agit de Josué, Juges, Ruth, 1&2 Samuel, 1&2 Rois, 1&2 Chroniques, Esdras, Néhémie et Esther.

enseignement par écrit afin de le faire parvenir à un plus grand nombre de personnes et de les encourager à lire ce livre.

Animés par le souci d'encourager la lectrice/le lecteur et de raviver une foi qui pourrait être en train de faire naufrage et sombrer dans le désespoir, nous espérons que ce livre vous apportera réconfort et espoir. Le naufrage ne plaira jamais au Sauveur des âmes, le Seigneur Jésus. Comment comprendre ce livre de Ruth ?

Dieu au passif de l'histoire, problématiques du livre

Premièrement, l'auteur présente le livre des femmes, Naomi et Ruth, en effaçant rapidement les figures masculines pour renouveler les situations à travers les femmes. Les manœuvres, les positions sociales et le veuvage ne semblent pas influencer une réorientation des circonstances. L'auteur construit la narration en mettant en avant les efforts stratégiques entrepris par ces femmes pour atteindre David. Il prend le risque de parler un langage différent à ses contemporains : la providence invisible de Dieu.

Deuxièmement, la définition traditionnelle du cours d'histoire dans les humanités, définie comme « l'étude du passé de l'homme depuis son apparition sur la terre jusqu'à nos jours », semble atteindre ses limites à la lumière de notre lecture de Ruth. Nous pensons que cette définition est incomplète. À notre avis, l'histoire est une exploration continue de l'existence, à la fois visible et invisible. À chaque étape, nous faisons l'expérience de l'existence visible (histoire) et de l'existence invisible (Histoire). Ce même constat peut s'appliquer au livre d'Esther : s'il est totalement absent chez Esther, il se montre passif chez Ruth. L'auteur présente un « Éternel » qui semble passif dans son récit historique, une curiosité en soi. Dieu y est mentionné vingt et une fois, principalement de manière traditionnelle en tant qu'Adonaï, dans une attitude de bénédiction ou d'émerveillement face à ses actions inattendues (1, 20). Une seule occurrence décrit une action indirecte de l'Éternel (4, 13), utilisant le verbe « Wayyitten » pour donner ou permettre.

L'épilogue conclut avec la généalogie de David, mentionnant David deux fois (4, 17, 22). Cette focalisation soulève des questions sur l'ajout des versets 18 à 22, ajoutés peut-être pour des raisons expressives ou théologiques connues de l'auteur seul. Nous nous interrogeons sur le fait que si Ruth était le personnage principal, elle aurait dû figurer dans la généalogie incluse du livre. Est-ce une histoire de la généalogie de David ou de la vie de Ruth ? Nous espérons répondre à ces questions dans les prochains paragraphes de ce petit bouquet pour démontrer que la Main invisible de Dieu ne nous abandonne jamais, malgré les événements difficiles sur notre chemin : « Histoire contenant les histoires ».

Nous souhaitons également contester une perspective qui tend à nous présenter face à une série de malédictions lorsque des événements contraires à l'opinion générale se produisent. Certaines personnes sont souvent l'objet de moqueries dans leur entourage. Dans certains milieux, des événements inexpliqués sont attribués à des malédictions familiales, à des esprits de mort, à la pauvreté, à la stérilité, etc. Il arrive souvent des moments que l'on pourrait qualifier de « Silence de Dieu », bien que sa présence soit un silence significatif pour les siens. Il est essentiel de le croire.

Notre objectif est de rappeler et d'encourager à croire que « Dieu reste souverain même quand on pourrait penser qu'il ferme les yeux ». Voilà la perspective qui anime notre foi et qui vous invite à nous suivre. Pour paraphraser Paul, qui dit que Dieu ne permettra pas que vous soyez tentés au-delà de vos forces, car il est fidèle (1 Corinthiens 10, 13). Chacun est confronté à ce qui lui correspond, et non l'inverse. Rappelons également que rien ne peut nous séparer de l'amour de Dieu manifesté en Jésus-Christ (Romains 8, 39). Nous sommes convaincus que les événements malheureux, souvent interprétés comme le silence de Dieu, peuvent en réalité être un fil conducteur menant les enfants de Dieu vers le plan de salut et de bonheur que Dieu a prévu. Dans l'histoire de Ruth, il prépare la naissance d'Obed, qui transforme les malheurs en une opportunité d'entrer dans l'histoire du salut par Jésus-Christ. Quel est donc le contexte du livre de Ruth ?

1ère Partie

I.1 Ruth comme étrangère au sens large

Contexte historique et social

Situé à l'époque des Juges, le livre de Ruth explore la situation précaire des veuves et des étrangers. On n'enfonce pas la porte ouverte. Le livre de Ruth vient à un moment ou son message fait exception. La note chronologique « Au temps… des Juges » à l'introduction du livre n'est pas sans raison. Elle donne cependant l'occasion à bien réfléchir. Pourquoi situer Ruth à ce temps-là ? De la finale du juge (21, 25) sans transition pour être succédé par ladite note chronologique. Ceci pourrait indiquer que, cette époque même pouvait contribuer à faire obstacles[2] à toute interprétation créatrice de la Torah. Comment écrire une nouvelle loi quand tout est bloqué. On n'est pas connu, pas d'appui pour innover. Que faire ? A ce titre, le livre de Ruth peut être mis en parallèle avec d'autres récits (post) exiliques tels que l'histoire de Joseph, Job, Jonas, Daniel, Esther qui se déroulent à l'étranger.

Et là, il faut que, Israël soit loin de sa patrie (extérieur). Il est vrai que Ruth (désormais Rt), contrairement aux récits ci-hauts cités, qui situe les héros à l'étranger, l'auteur renverse les termes et place Ruth, l'étrangère, au pays d'Israël, encore que, fidèle à son appartenance génétique, un conte qui commence à la diaspora (Moab). Pendant que le veuvage est une honte[3] en Israël, et combien la situation d'une veuve sans enfants la plaçait dans une situation précaire, de

---

[2] La chronologie ouvre, ***premièrement*** une vue de la généalogie finale selon laquelle Boaz engendra Obed, qui engendra Jesse, qui engendra à son tour David. ***Deuxièmement***, l'existence de Ruth est située au point de vue narratif peu de temps après la décision déplorable de Moab de ne pas laisser libre passage aux Israelites venant d'Egypte et la fornication des filles de Moab avec les fils d'Israël. Moab est Maudit. Lorsque Ruth apparait, le souvenir de ce passage sombre n'a pu s'estomper. ***Troisièmement***, il fallait évoquer une époque ancienne ou certaines coutumes avaient encore cours, telles que le mariage léviratique et le tribunal populaire aux portes du village. L'atmosphère du récit a quelque chose de légendaire parce qu'elle recrée un monde coutumier révolue mais exemplaire. Enfin, et ***Quatrièmement***, la notice Ruth, 1, 1 transporte le lecteur dans un milieu et une ère marquée par une anormalité.

[3] Selon une tradition utopique mais significative, chaque famille israélite avait reçu un terrain cultivable (1 Sam 14, 14).

l'absence de toute source de réconfort. C'est quelqu'un qui est 1/Veuve ; 2/sans fils ou beau-fils ou beau-frère. L'ancien Moyen orient avait quand même prévus certains codes de protections des hommes de cette catégories sociale, et donc, la veuve pouvait aussi hériter ; mais non selon les codes en vigueur en Israël.[4] Dans l'église primitive, les veuves étaient confiées aux soins de la communauté, Actes 9, 39 cf. 1, 27 ; 1 Timothée 5, 16.

Tous ces textes étales une mesure de prudence, de protections de ceux qui sont sans force et sans abris. Ainsi dit, il est cependant nécessaire d'édicter une législation spéciale pour la protection de ceux-là. Les personnages du récit ne constituent pas un archipel d'individus indépendants et autonomes. Le livre n'entend pas raconter l'histoire de Ruth prise isolément mais veut l'intégrer à l'histoire d'Israël pour une nouvelle perspectives désormais. Le problème de l'étranger est donc clairement central. L'impossibilité d'ouverture aux autres doit s'opérer par l'invisible et l'inactif apparent (Dieu) parce que les hommes restent toujours dans leurs traditions. Il faut donc lire la Torah sous et avec l'œil de la protection l'étranger faible, faire grâce au rejeté quel que soit son origine.

Thème de la protection des vulnérables

La lecture du livre de Ruth fait comprendre que le terme étranger est dans son sens le plus fort ; non pas seulement sur le plan géographique, mais philanthropique d'une part. D'autre part, comme méthode herméneutique (c'est-à-dire selon une interprétation amplifiée de la Loi). Une théologie à premier ordre : Dieu est plus grand que sa Loi. En dépit de la norme invoquée en (Gn 28, 1 ; 38, 2), Dieu fait comme s'il faisait marche en arrière pour récupérer un groupe longtemps laissée lors de son passage : Dieu défend tous, et tout commence avec les étrangers et c'est avec des étrangers que son plan s'accomplit. Les expressions

---

[4] La veuve pouvait aussi évidemment se remarier, sauf dans le cas d'une fille de prêtre justement (Cf. Ez 44, 22). Souvent, elle vivait d'aumônes, de la protection de la Loi, voir Ex 22, 21, Dt 14, 29 ; 16, 1.11.14 ; 26, 12ss…

de Larocque me paraissent très explicites : *le chemin messianique est transcendance à la lettre*[5]. L'auteur de Ruth traduit le désir de Dieu de récupération de ceux qui accepte son plan en dépit de leurs parcours. Tout peut être sombre mais, finira par la clarté imminente. Il y a toujours une lumière de loin.

Il n'est pas question dans mes écris, de faire un commentaire du livre de Ruth. Notre seul but est d'essayer de donner quelques éclaircissements sur ce récit ainsi que quelques pistes de réflexion (appel intérieur) pour permettre au lecteur de mieux apprécier (et comprendre) le livre. En effet, ce livre est d'une grande importance au niveau de la loi hébraïque (*halakhah*) puisqu'il pose le problème de l'héritage, de la rédemption (le rachat), du remariage d'une veuve sans enfant et de la conversion. Il a aussi, comme nous le verrons, une grande importance liturgique. Voici, cinq éléments de cette partie que nous allons exploiter.

Il s'agit d'une introduction (subvention), d'un résumé du livre (Ruth, une histoire), d'une lecture de l'histoire, d'un destin et filiation de Ruth et enfin, de Ruth et la fête de la moisson (*Shavu'ot)*. Ruth est mise en parallèle avec d'autres figures bibliques exilées, montrant la nécessité d'une législation spéciale pour leur protection.

---

[5] A. LACOCQUE, *Le livre de Ruth : commentaire de l'Ancien Testament/XVII*, Genève, Labor et Fides, 2004, p.35.

I.2 Subvention pour le Gentil

Place unique de Ruth

Seul livre biblique nommé d'après un gentil, il est intégré dans les Ketouvim et porte une importance particulière pour son message inclusif.[6] Pourtant, le livre de Ruth fait partie des cinq *Megillot*[7] qui sont : *Shir ha-Shirim* (Le Cantique des Cantiques), *Ruth*[8], *Eikha* (Lamentations), *Qohelet* (L'Ecclésiaste) et *Esther*. Il est situé dans la troisième partie du *Ta-Na-Kh*[9], les Ecrits (*Ketouvim*), après le Pentateuque (*Torah*) et les Prophètes (*Nevi`im*). C'est le dix-huitième livre sur les vingt-quatre du *Tanakh* (selon la tradition juive[10]).

Il fait aussi partie des bibles chrétiennes et protestantes, sans toutefois y occuper la même place[11]. Une simple lecture avec un œil sensible pourrait conduire à accepter l'opinion de Rabbi Yosse Ben Qisma'[12] quand il dit[13] ce qui suit : « Je suis étonné. Si ce rouleau n'a pour fin que d'indiquer la filiation de David… ». Il nous semble, d'après Ben Qisma, l'auteur de Ruth se serait embrouillé à beaucoup écrire pour seulement parler de la généalogie de David. Il aurait seulement écrit, « voici la filiation de David depuis Boaz, lorsqu'il épousa Ruth » dit-il. Cette façon de voir les choses témoigne d'un œil sérieusement avisé et perçant. Mais il

---

[6] Gentil (*goy*) est pris ici dans le sens d'étranger, c'est-à-dire n'appartenant pas au peuple d'Israël. On pourrait objecter qu'il y a aussi le livre de Job. Mais, alors que pour Ruth, il n'y a pas de doute possible, il y a plutôt un consensus sur le fait que Job était juif.

[7] *Megillah* (pluriel : *megillot*, état construit : *megillat*) : rouleau de parchemin sur lequel est calligraphié un texte biblique. La Torah est entièrement calligraphiée sur un rouleau appelé *Sefer Torah*.

[8] Ce livre reste « Ruth » en Hébreu comme en Français !

[9] Cette écriture estun choix personnel pour faciliter au lecteur la combinaison (Torah-Neviim-Ketouvim).

[10] On peut remarquer que l'ordre des livres dans la Bible hébraïque n'est pas tout à fait conforme à celui préconisé dans le *Talmud*, comme le montre cet extrait de T.B. *Bava Batra* 14b : "Voici l'ordre des Ecrits tels que nos rabbins l'ont enseigné : Ruth, les Psaumes, Job, les Proverbes […]" dans *Aggadoth du Talmud de Babylone, La source de Jacob, 'Ein Yaakov* : traduit et annoté par Arlette Elkaïm-Sartre, Paris, 1983, p 933.

[11] Le livre de Ruth est classé parmi les livres historiques de l'Ancien Testament chrétien.

[12] Rabbi Yosse Ben Qisma` est un *tanna* de la deuxième génération (80 – 110) que l'on retrouve dans *Avot* 6, 9 où il affirme préférer la Torah à tout l'or du monde.

[13] *Zohar* sur *Ruth* (*Midrash ha-neelam*) 78b. Il est intéressant de noter que Goethe appelle le livre de Ruth, la plus belle de toutes les idylles (cité dans : Mc Fadyen John Edgar, *Introduction to the Old Testament*, Londres, 1905, p 204).

est également possible de définir une autre perspective. L'idée de la filiation y afférent ; on pouvait également voir l'auteur du livre chercher à démontrer à quel niveau, il pourra exister un contour d'effort pour faire entrer une certaine catégorie de peuple dans une lignée apparemment importante : une subvention du peuple mis à l'extrême. Nous l'avons dit tantôt : Dieu fait une marche en arrière vis-à-vis de la Loi. Il est au-dessus de la Loi.

I.3 Ruth, une histoire

Résumé narratif

L'histoire de Ruth et Naomi à travers leur exil à Moab, le retour à Bethléem et la relation de Ruth avec Boaz, conduisant à la lignée de David. Elle se déroule à l'époque des Juges[14] : Elimélekh, riche habitant de Bethléem, quitte le pays, accompagné de sa femme Naomi et de ses deux fils, en direction de Moab, sur l'autre rive du Jourdain, pour fuir la famine. Il y meurt (1, 3), et ses fils épousent des filles du pays, appelées Orpa et Ruth[15]. Dix ans plus tard, les deux fils meurent à leur tour, et Naomi reste seule, sans mari ni enfants (1, 4). Tout est bloqué. On ne voir qu'un tison à bout de petit feu : Naomi sur une terre étrangère.

Apprenant que la famine est terminée à Bethléem, elle décide de retourner chez elle. Au moment du départ, Naomi veut se séparer de ses brus : « retournez chacune chez sa mère (1, 8). Orpa et Ruth refusent de la quitter : « Nous retournerons avec toi, chez ton peuple ». Naomi essaie de les en dissuader : « restez chez vous et remariez-vous ». Elles se trouvent toutes trois au bord du chemin et pleurent. Orpa prend la décision de rester, mais Ruth choisit de continuer la route avec sa belle-mère : *« Ne me presse pas de t'abandonner, de retourner loin de toi ; car où tu iras, j'irai, et où tu passeras la nuit, je la*

---

[14] La période des Juges (*shofetim*) dure environ quatre siècles après l'entrée des hébreux en terre d'Israël. Parmi les plus connus, citons Déborah et Samson.
[15] Il ne faut pas perdre de vue le fait que le pays de Moab est peuplé d'idolâtres et que les Moabites sont détestés par le peuple hébreu.

passerai ; ton peuple sera mon peuple et ton dieu mon dieu ; où tu mourras, et là je serai enterrée (Version Bible africaine) »[16] lui dit-elle. Toute la suite sera conséquence de cette confession. Lorsque les deux femmes arrivent à Bethléem, tous sont frappés de stupeur : est-ce vraiment Naomi, cette femme, Naomi qu'autrefois tout le monde enviait ? C'est l'époque de la moisson, mais il n'y a rien à manger dans la maison de Naomi. Ruth va glaner les épis laissés intentionnellement dans les champs pour les pauvres.

Par le plus grand des hasards, elle va glaner dans le champ de Boaz, un parent de Naomi, l'homme le plus influent de la ville. Faut-il dire vraiment par hasard ? Albert Einstein avait dit ce qui suit : « le hasard, c'est Dieu se promène à l'incognito ». Tout est prévu par le Passif donc ! Quand celui-ci apprend qui est sa belle-mère, il lui permet de glaner pour subvenir à ses besoins. Ruth rentre chez elle et raconte l'incident à sa belle-mère. Naomi saisi le ballon au bond. Et trouve que le temps est venu pour que la jeune femme se remarie. Elle lui dit d'aller se coucher aux pieds de Boaz quand il dormira dans sa grange. Elle obéit, et au milieu de la nuit, l'homme se réveille et trouve Ruth à ses pieds. Celle-ci lui explique qu'il doit la prendre pour femme[17]. Quels manœuvres ! Et Dieu dans tout ça.

Thème de la fidélité et de l'engagement

Ruth exemplifie la loyauté envers Naomi et envers le Dieu d'Israël malgré sa propre origine moabite. Boaz accepte et Ruth repart discrètement aux aurores pour rapporter la nouvelle à Naomi qui attend impatiemment. Le matin venu, Boaz propose à un parent plus proche de Naomi de racheter les terres d'Elimélekh ;

---

[16] *Ruth* 1, 16-17.
[17] *Ruth* 3, 9 : « [...] *Elle dit : Je suis Ruth, ta servante ; étend ton aile sur ta servante [...]"* (nt).

celui-ci accepte, mais quand il apprend qu'il doit aussi épouser Ruth, il se rétracte, ôte sa sandale et cède ses droits à Boaz. Celui-ci, prenant les habitants de la ville à témoin, rachète les champs et prend Ruth pour épouse, qui donnera naissance à « 'Obed », grand-père du roi David. Le génie de l'auteur étale une ambiance qui n'occupe que les hommes et leurs semblables dans les négociations et coopérations. Dieu dans tout ça pour un destin. Obed est la finalité pendant que David est la cible. Cette parenthèse semble importante ici. Paul l'a souvent démontré, quand il résout le conflit du leadership, par un exemple agricole du mystère de la semence. Pendant que les uns sèment, les autres arrosent. L'action de faire « croitre » appartient à Dieu. « Lui seul Compte (1Cor 3, 6) ». Les va et viens de Ruth, les proches parents, les manœuvres de Naomi concourent à l'action prévue de Dieu. Ruth, une histoire de l'ancre invisible de Dieu. Passant par l'interaction des uns des autres pour atteindre le plan fixé par Dieu. Chaque rencontre est une école, il faut faire un effort de soigner des relations (Rom 12, 14).

I.4 Symbolisme et auteur

Contexte de rédaction

Possiblement postexilique, le livre proteste contre les attitudes hostiles envers les étrangers et les mariages mixtes. En effet, Ce petit livre de quatre-vingt-cinq versets répartis en quatre chapitres a été rédigé, selon la tradition, par le prophète Samuel : *"Samuel a écrit son livre, celui des Juges et celui de Ruth"*[18]. Il semble cependant, que ce livre ait été écrit à la période postexilique, sous Esdras et Néhémie (VIème siècle avant notre ère), peut-être pour protester contre l'attitude hostile à l'égard des étrangers[19] et des "mariages mixtes"[20]. Cette œuvre a donné lieu à une abondante littérature, de l'antiquité à nos jours, aussi bien à l'intérieur qu'à l'extérieur du monde juif, mais a aussi inspiré de nombreux artistes[21], poètes comme Victor Hugo[22], peintres comme Nicolas Poussin[23] Jean François Millet[24], sans oublier Gustave Doré[25], et même des musiciens comme Mario Castelnuovo-Tedesco[26].

Loin d'être, le livre de Ruth, une traduction cependant, dans sa lecture en hébreu fait appel à la symbolique : Naomi signifie ***"agréable"***, Kilion (son fils),

---

[18] T.B. *Bava Batra* 14a dans Aggadoth du Talmud de Babylone, *La source de Jacob, 'Ein Yaakov* : traduit et annoté par Arlette Elkaïm-Sartre, Paris, 1983, p 934.

[19] *Néhémie* 13, 1 : *"En ce temps-là, on lut dans le livre de Moïse en présence du peuple et l'on y trouva écrit que ni Ammonite ni Moabite ne seraient jamais admis dans l'assemblée de Dieu"* et *Néhémie* 13, 3 : "Lorsqu'on eut entendu la Loi, on élimina d'Israël tout élément hétérogène."

[20] Weinfeld Moshe, "Ruth, Book of", Encyclopedia Judaica 1971, tome 14 col 519 et Lacocque A., *Le livre de Ruth*, Genève, 2004, p 12.

[21] Pour une idée complète des œuvres inspirées par ce livre voir Weinfeld Moshe, "Ruth, Book of", Encyclopedia Judaica 1971, tome 14 col 523 - 524.

[22] Victor Hugo, *La légende des siècles*, Gallimard, Paris, 2002. Un court extrait de Booz endormi : Pendant qu'il sommeillait, Ruth, une moabite, S'était couchée aux pieds de Booz, le sein nu, Espérant on ne sait quel rayon inconnu, Quand viendrait du réveil la lumière subite.

[23] L'été ou Ruth et Booz, peint en 1660-1664, Musée du Louvre.

[24] Le repas des moissonneurs ou Ruth et Booz, peint en 1850-1853 pour le Muséum of Fine Arts de Boston (exposé au Salon de 1853). Une esquisse de ce tableau est visible au Musée d'Orsay à Paris.

[25] Dans la Bible illustrée par Gustave Doré en 1866, Booz et Ruth : illustration des versets de *Ruth* 2, 2-7.

[26] La cantate "Naomi et Ruth", op. 22, est une œuvre non liturgique écrite en 1947.

"*destruction*", Orpa (la bru qui n'a pas suivi Naomi) "la **nuque**" (car en repartant elle a montré sa nuque), etc. L'histoire de Ruth a été racontée par Flavius Josèphe[27] dans le chapitre XI du Livre Cinquième des *Antiquités Judaïques*[28], en moins de deux pages, avec quelques modifications par rapport au texte biblique. Le nom d'Elimélekh devient Abimélech et l'épisode de la sandale est attribué à Ruth qui la retire pour en donner un coup sur la joue du « proche parent » qui avait refusé de l'épouser. Ceci évoque la cérémonie de la *halitsah* ou désistement du beau-frère astreint au lévirat.[29]

Nous nous joignons à Flavius Josèphe qui justifie la présence de cette histoire dans son ouvrage par la nécessité de « *faire connaître que Dieu élève ceux qu'ils lui plaisent et croient à la souveraine puissance, comme on l'a vu en la personne de David, dont voilà quelle fut l'origine* ». Il est probable que le livre de Ruth ait suscité de nombreux commentaires à l'époque rabbinique. Ruth est citée d'un nombre très important de fois dans le *Talmud*, aussi bien celui de Babylone que celui de Jérusalem. Sa personnalité et son nom y sont évoqués, ainsi que son histoire elle-même[30].

On peut citer bien d'autres documents anciens consacrés à Ruth. Nous avons par exemple Le *Targum* de Ruth (Ier siècle) qui est une réécriture du livre en araméen dans laquelle sont inclus de nombreux éléments midrashiques et des

---

[27]Yossef ben Matityahou ha-Kohen, plus connu sous son nom latin de Flavius Josèphe (Titus Flavius Josephus), est un historien romain du Ier siècle (Jérusalem, environ 37 - Rome, environ 100) d'origine juive et de langue grecque.

[28]Flavius Josèphe, *Antiquités Judaïques*, Lidis, Paris, 1968.

[29] Le lévirat est codifié par *Deutéronome* 25, 5 et suivants : "*Si des frères demeurent ensemble et que l'un d'eux vienne à mourir sans postérité, la veuve ne pourra se marier au-dehors à un étranger : c'est son beau-frère qui doit s'unir à elle. Il la prendra donc pour femme, exerçant le lévirat à son égard.*" Le désistement du beau-frère est décrit dans *Deutéronome* 25, 9 : "*Et sa belle-sœur s'avancera vers lui à la vue des anciens, lui ôtera sa chaussure du pied, crachera devant lui et dira à haute voix : ainsi est traité l'homme qui ne veut pas édifier la maison de son frère.*" Alors que le *Targum* et le *Zohar sur Ruth* affirment que le mariage entre Ruth et Boaz est un lévirat, la tradition rabbinique majoritaire et le *Talmud* sont d'avis contraire.

[30] Une liste exhaustive de ces citations se trouve dans Levine Etan, *The aramaic version of Ruth*, Rome, 1973, p 113 - 120.

interprétations conformes aux doctrines rabbiniques de l'époque[31]. Il considère que le mariage de Ruth est un lévirat. Le *Midrash Ruth Rabba*, qui ne mentionne aucun rabbin au-delà du IVème siècle, semble avoir été compilé au VIème siècle[32] (le *Midrash Ruth Zuta* daterait du Xéme siècle). Parmi les nombreux commentateurs du livre de Ruth citons Rashi, mais aussi Abraham Ibn Ezra ou le Gaon de Vilna.[33] Enfin le *Zohar sur Ruth* est particulièrement dithyrambique à l'égard de Ruth, Naomi et Boaz.

En parcourant ces différents textes midrashiques ou les commentaires qui portent sur la *Megillat (Rouleau) Ruth*, les problématiques restent les même : unions illicites (avec des étrangères), idolâtrie, lévirat, conversion. Notre auteur, bien sûr qui reste inconnu d'après notre recherche, dans cette panoplie d'œuvres, il circonscrit son œuvre autour des éléments viseurs pour parler autrement à ses contemporains. Voyons par exemple dans le premier chapitre du livre, il y insère **douze fois** le verbe *lashuv* (***revenir***). Le deuxième chapitre contient **douze fois** le verbe *lelaqet* (glaner) et **dix fois** le verbe *liqtsor* (***faucher***), tandis que le troisième

---

[31]Levine Etan, *The aramaïc version of Ruth*, Rome, 1973, p 1 - 3.

[32]Strack H. L. et Stemberger G., *Introduction au Talmud et au Midrash*, traduction et adaptation françaises de Maurice Ruben Hayoun, Paris, 1986, p 361 et Herr Moshe, "Ruth Rabbah", Encyclopedia Judaica 1971, tome 14 col 524.

[33] JP Massali, Mémoire de Master II Recherche- études Hébraïque et juives : études du Commentaire du livre de Ruth de l'ouvrage de Moshe Almosnino, Rabin à Salonique au XVIe siècle. Université Paris III- Sorbonne Nouvelle, 2009-2010, pp. 15-23.

et le quatrième chapitre du livre contiennent **vingt-trois fois** les mots *go`el*[34] (*rédempteur*) ou *ge`ulah* (***rachat, rédemption***)[35].

Bien qu'il soit important de se référer aux manœuvres des hommes, sa priorité reste : *le retour*. On s'aperçoit qu'il ne s'agit pas pour Naomi d'un simple retour. Le mot *lashuv* équivaut ici à *teshuvah* (issu de la même racine) qui veut dire réponse, mais aussi repentance, retour à Dieu et à ses commandements. Nous aimerions souligner cet aspect même si nous y reviendront plus tard : Israël comme choix de Dieu, en Naomi, revient à dire que Dieu est là ! Ce n'est que la famille qui doit dicter le dernier mot. La topographique d'Israël ancien montre que JUDA (Bethléem) est séparé de MOAB par la mer dite « Mer Morte ». L'auteur interroge ses contemporains sur l'action de quitter la maison de pain (Bethléem), c'est allé vers la mort auprès des idoles (MOAB). La fuite de sa face équivaut à une malédiction tandis que revenir à Lui est un nouvel horizon que l'on s'ouvre. De part et d'autre, nous lisons Naomi et Ruth. Il y a retour (repentance), pour Naomi et repentance, pour Ruth. Naomi fait un retour-repentance pour réobtenir la faveur de Dieu tandis que Ruth se repent de n'avoir jamais connu Dieu et ne servait qu'aux divinités Moabites.

---

[34] La traduction de *go`el* est particulièrement difficile, même en tenant compte du contexte. Littéralement, le *go`el* est celui qui a le droit de rachat. Dans l'ancienne société agraire d'Israël, il était très important que les biens d'un clan ou d'une famille ne soient pas dispersés. Si un décès ou quelque événement imprévu de la vie venait à libérer une parcelle de terre, le plus proche parent du défunt avait droit (et même obligation) de racheter cette terre afin que l'héritage demeure dans la famille. Mais le *go`el* est également celui qui a pour mission d'obtenir la libération des prisonniers de son clan. Le roi joue un rôle analogue au sein de son peuple en "rachetant" les pauvres (*Psaumes* 72, 12 : "*Car il délivre l'indigent qui l'implore, le pauvre qui n'a pas de secours à attendre de personne.*"). Dieu se fait de même le *go`el* des orphelins et des déshérités. Mais c'est surtout à titre d'allié que la Bible le considère comme le *go`el* d'Israël (*Psaumes* 19, 15 : « *[...] Eternel, mon rocher, mon rédempteur*", *Psaumes* 78.35 : "*Alors ils se souvenaient que Dieu était leur rocher, le Dieu suprême, leur libérateur.*", etc.). On traduit souvent dans les bibles le terme *go`el* par "rédempteur" et l'opération de libération, la *ge`ulah*, par "rédemption". Pour la suite, nous garderons le mot en hebreu.

[35] Crandall C. E., "The Book of Ruth, Considered Statistically", *the Hebrew Student*, Vol. 2, No. 1 (Sep. 1882), p. 18 – 21.

Par ailleurs, on pouvait également croire que la crise du temps des Juges a dû occasionner ce déplacement. Certes, non parce que, d'après le Midrash, ce n'est pas par crainte de la famine que la famille d'Elimélekh quitte Bethléem : c'est en effet la famille la plus riche de la ville et elle choisit de s'expatrier pour éviter le devoir de partager ses biens avec les victimes du fléau[36]. Et faute suprême, la famille va vivre chez les ennemis d'Israël, parmi les idolâtres où les fils vont prendre femme, au mépris de la Torah. Mais Naomi, ruinée, veuve, sans enfants, revient à son lieu de départ. C'est dans ce mouvement de retour à soi-même, amorcé au moment où ses épreuves passées, que l'on est remplie d'amertume, qu'elle pourra trouver la rédemption (*ge`ulah*). Cependant, l'attitude de Ruth est remarquable de bonté et de générosité à l'égard de sa belle-mère. Elle endosse le rôle d'une accompagnatrice au temps d'épreuve. Elle contredit l'opinion habituelle qui veut que la belle-mère et sa bru aimant le même homme (fils ou mari) ne puissent être amies. Autrement dit, notre milieu ambiant démontre qu'il est fort difficile de trouver les belles-mères en bon terme avec les belles-filles. L'auteur prouve que le contraire est possible pourvu que chacune s'engage dans l'action d'accompagner l'autre dans les situations difficiles dans ses situations.

Utilisation du symbolisme

Noms des personnages et répétitions lexicales soulignent des thèmes de retour, rédemption et protection divine. Par ailleurs, la figure de « Orpa », d'une autre façon, retient l'attention de la critique moderne féministe, laquelle s'attribue parfois le rôle d'avocate en sa faveur. Tant en France qu'aux Etats Unis, on compare Ruth et Orpa aux nombreuses immigrées actuelles et Orpa sert de modèle

---

[36] *Ruth Rabba* 1, 4 : "Il [Elimélekh] était l'un des notables de la région et l'un des guides de sa génération. Mais quand la famine vint, il se dit : à présent, tout Israël va venir frapper à ma porte, chacun avec son panier. Il a donc pris peur et s'est enfui." On retrouve les mêmes accusations dans *Zohar sur Ruth* 77a et 80c.

à celles qui ne restent pas attacher à leurs origines.[37] Tout en respectant les points des vues des uns des autres, nous estimons que lire ce livre sous cet angle serait une trahison à la foi chrétienne. C'est un point de vue. Découvrir le désir de Ruth, il faut relire encore, à notre avis, sa déclaration à Naomi. Nous y reviendrons dans la structure développée plus bas. Le demi-tour est plus théologique qu'idéologique.

Elle n'a jamais cessé d'être Ruth la moabite mais plutôt Ruth qui appartient au Dieu d'Israël. L'amour entre Naomi et Ruth cloisonne le sens la vie d'ensemble. Quant à Boaz dont le nom signifie « en lui, est la force », malgré un penchant évident pour Ruth, il symbolise l'homme droit et juste qui ne profite pas de la situation (position de faiblesse des autres) pour avoir des relations sexuelles avec elle. Il accepte même de se retirer si le proche parent décide d'exercer son droit de préemption. *Juste pour dire que Dieu est présent dans une histoire dans la mesure où les personnages deviennent Sa présence en s'accordant mutuellement l'amour.* On s'aperçoit cependant que Boaz a manœuvré très habilement pour rester maître de la situation et épouser Ruth.

I.5 Destin et filiation de Ruth

Parallèle avec Tamar

Les destinées de Ruth et Tamar montrent une rédemption à travers les pertes et la fidélité. On fait souvent un parallélisme entre le destin de Ruth et celui de Tamar. Toutes deux ont perdu trop tôt leurs maris. Quand Boaz et Ruth se marient, l'assemblée bénit les époux en ces termes : "*Que ta maison soit comme la maison*

---

[37] A. Lacocque, *Op. Cit*, p. 42. Pour plus de connaissance, lire à ce titre, Bonnie HONIG, « Ruth, the Model Emigrée : Mourning and the Symbolic Politics of immigration «, in A. BRENNER, *éd., Ruth and Esther : A Feminist Companion to the Bible,* p. 50-74. Honig cite, entre autres Julia KRISTEVA, *Etrangers à nous même,* Paris : Gallimard, 1991 *et Lettre Ouverte à Harlem Désir,* Paris : Beau Rivage, 1990. Les Rabbins ont été beaucoup moins généreux vis –à-vis de Orpa. Selon Yalk 600, Orpa (*'rpah*) est identifiée avec une légendaire mère de Goliath (*'rfah*).

de Pérès que Tamar enfanta à Juda[38]". On peut se demander pourquoi cette bénédiction dite ici ? Il est vrai que Pérès est l'ancêtre de Boaz, mais la relation est plus fondamentale. L'histoire de Tamar et de Juda se trouve au chapitre 38 de la *Genèse*. Tamar épouse Er, fils de Juda, qui meurt peu après.

En fait, suivant la loi du lévirat, elle s'unit alors à son beau-frère Onan, qui meurt lui aussi. Tamar attend donc que le troisième fils de Juda grandisse pour pouvoir se marier avec lui, mais Juda a peur de lui céder son dernier enfant : *[...] demeure veuve dans la maison de ton père jusqu'à ce que mon fils Shelah soit plus grand, car il craignait qu'il ne mourût, lui aussi, comme ses frères*[39]. Tamar, voyant que Shelah a grandi mais que son père n'a pas l'intention de les marier, se déguise en prostituée et a des relations sexuelles avec Juda, sans que celui-ci devine son identité. De cette union naissent les jumeaux Zérah et Pérès (ce dernier sera l'ancêtre de Boaz, donc de David).

Il en est de même pour Ruth. Naomi perd l'un après l'autre son mari et ses deux fils ; elle n'a plus d'espoir : "*Je suis trop âgée pour être à un époux*[40]", dit-elle. Il faut remarquer aussi que le mot *mara* (amer) revient souvent dans ses propos : "*Non mes filles, car j'aurai beaucoup d'amertume pour vous*[41]". Mais Ruth insiste : "*là où tu mourras, je veux mourir aussi et y être enterrée. Que l'Eternel m'en fasse autant et plus si jamais je me sépare de toi autrement que par la mort*[42]". Naomi veut changer de nom : "*Ne m'appelez plus Naomi* (l'agréable)*, appelez-moi Mara* (l'amère) *car Shaddaï m'a abreuvée d'amertume*[43]". L'amertume règne, mais quand Ruth lui apprend que Boaz lui permet de glaner dans ses champs, elle reprend espoir : "*Béni soit-il par l'Eternel, puisqu'il n'a cessé d'être bon pour les*

---

[38] *Ruth* 4, 12.
[39] *Gn* 38, 11.
[40] *Ruth* 1, 12.
[41] *Ruth* 1, 13.
[42] *Ruth* 1, 17.
[43] *Ruth* 1, 20.

vivants et pour les morts[44]". Quand Ruth donne finalement naissance à 'Obed, elle en est bien la mère biologique, mais cet enfant prend une grande importance pour Naomi : "*Et les voisines désignèrent l'enfant en disant : un fils est né à Naomi*[45]".

La force du destin

Une histoire qui semblait se détériorer retrouve son sens. On dirait un cours circuit dont les étincelles sont éteintes par un électricien. Une histoire où tout semble tourner à l'envers. Naomi également semblait croire que le nom *Mara* convenait mieux. Nous estimons que ce n'était que le poids de la douleur. Celui qui dans l'ombre dit : « Même si, la femme oublierait son nourrisson, Moi, Eternel, je ne t'oublierai jamais (Es 49, 14-17). Ce cas, est similaire à celui de Tamar : la fatalité de la mort est dépassée par la vie qui se transmet grâce aux jumeaux. Pendant qu'on pouvait voir en Tamar, le séjour de mort, l'auteur de Genèse 38, par des manœuvres de Tamar, ses stratagèmes, l'héroïne mets désormais à cette la conception de la mort et qu'on peut de encore voir la vie qui jaillit en elle. Cette histoire trouve des liens chez Ruth. La bénédiction prononcée n'a qu'ici le sens d'une interpellation d'Israël : "*Que ta maison soit comme la maison de Pérès que Tamar enfanta à Juda*[46]. Disons-le autrement : « que ceux qui pensaient qu'en toi, il n'y a que la mort (cf. Tamar), ta maison, désormais, donnera aussi la vie ».

C'est vrai, seules les situations sombres font croire à notre entourage que nous ne pouvons pas donner la vie ; et pourtant, elles ne sont que des fatalités qui nous conduisent au destin prévu de Dieu. Ruth endosse le symbole de la grâce de Dieu et une joie parfaite pour Naomi. Tout est grâce. On pouvait facilement se rendre compte que tout le monde avait besoin de la découvrir. Voyons voir cela dans le récit.

---

[44] *Ruth* 2, 20.
[45] *Ruth* 4, 17.
[46] *Ruth* 4, 12.

Le récit pose trois fois la question de l'identité de Ruth. Boaz demande :"*à qui est cette jeune fille* [47]?" Quand il se réveille en sursaut dans sa grange, il questionne : "*qui es-tu*[48] ?" Et Naomi posera la même question[49]. Ruth n'apparaît pourtant pas dans la Bible par hasard donc. Quand on examine sa généalogie où nous retrouvons Haran (frère d'Abraham), Loth et Moab. Haran meurt à `Ur-Kasdim et le Midrash indique qu'il est jeté dans une fournaise avec Abraham, après que celui-ci ait brisé les idoles de son père. Tandis qu'Abraham est sauvé par sa foi en Dieu, Haran, qui ne possède pas la foi de son frère, est brûlé[50].

Loth, son fils, est adopté par Abraham, mais il se sépare avec ce dernier et se dirige vers Sodome, ville perverse où règne l'injustice, pour s'y installer. La rupture est totale entre les deux parents : "*De grâce, sépare-toi de moi, si tu vas à gauche, j'irai à droite, si tu vas à droite, je prendrai à gauche*" dit Abraham à Loth. Lorsque Sodome est détruite, Loth se réfugie dans la montagne avec ses deux filles ; celles-ci l'enivrent et s'unissent à lui, union dont naissent Ben-'Ammi, ancêtre des Ammonites, et Moab, ancêtre des Moabites[51].

La Bible parle à nouveau du peuple de Moab quand les Hébreux sortent d'Egypte et que celui-ci leur défend de passer par son territoire. L'égoïsme des Moabites, leur refus de leur donner du pain et de l'eau est jugé inadmissible par la Torah qui leur interdit la conversion au judaïsme pendant des générations : « (...) *même après la dixième génération ils seront exclus de l'assemblée du Seigneur, à perpétuité*[52]", "*parce qu'ils ne vous ont pas offert le pain et l'eau à votre passage*[53]". Et il faudra attendre Ruth, que Naomi cherche à repousser mais qui

---

[47] *Ruth* 2, 5.
[48] *Ruth* 3, 9.
[49] *Ruth* 3, 16 : "*Elle vint auprès de sa belle-mère, qui dit : qui es-tu ma fille ? [...].*"
[50] *Bereshit Rabba* 38, 13, commentaire de *Genèse* 11, 28 : "*Haran mourut en présence de son père Terah dans son pays natal, à `Ur-Kasdim.*" (Note tradition)
[51] *Genèse* 19, 31-37.
[52] *Dt* 23, 4.
[53] *Dt* 23, 5.

s'accroche, contrairement à Loth, pour que la famille soit réunie à nouveau. Elle s'appelait d'abord <u>Gilite</u> (joyeuse) et était la fille d'Eglon[54], roi de Moab[55]. Elle prit le nom de Ruth[56] quand elle épousa Mahlon et se convertit[57].

Elle n'était pas n'importe qui. Princesse de son état, elle accepte d'épouser Mahlon. Début de l'épreuve ? Certes oui. Ou peut-être que l'auteur avait raison de supprimer trop tôt cette union car le nom de son mari signifierait « faiblesse » ou « maladie ». Et quand son mari mourut, elle resta fidèle à la Torah. Pour toutes ces qualités, on dit qu'elle est nommée Ruth[58] car l'anagramme de son nom est Tor (tourterelle), assimilé à Torah[59]. Ruth à Juda reste Moabite. Elle n'y est pas contrainte par des circonstances politique ou économique ; Israël est le Pays de son choix, mieux son pays du destin. L'appel intérieur et fort d'appartenir à Dieu qui pouvait changer son histoire. Elle pouvait rester dans sa situation confortable mais elle choisit la voie du destin, le choix et l'appartenance qu'elle a découvert dans la vie ce peuple.

---

[54] *Zohar sur Ruth* 79a : « […] Sais-tu quel était son nom au début ? Il lui répondit : son nom était Gilite, lorsqu'elle épousât Mahlon, elle fut appelée Ruth".

[55] T.B. *Sotah* 47a : "Ruth était la fille d'Eglon, fils du fils de Balak, roi de Moab" dans Aggadoth du Talmud de Babylone, *La source de Jacob, 'Ein Yaakov* : traduit et annoté par Arlette Elkaïm-Sartre, Paris, 1983, p 810.

[56] Pour marquer son entrée dans la communauté d'Israël, la règle veut qu'un nouveau nom soit donné au prosélyte.

[57] *Zohar sur Ruth* 79a : « […] elle s'était en effet convertie quand elle épousât Mah□lon et non pas après. Une fois leur mari mort, Orpa retourna à sa corruption tandis que Ruth maintint sa sympathie […]. Quand son mari mourut, elle s'attacha à la Torah de sa propre volonté."

[58] T.B. *Berakhot* 7a : "Ruth, pourquoi ce prénom ? Selon Rabbi Yohanan, c'est parce que ses mérites lui valurent de donner naissance à la lignée de David qui charma le Saint, béni soit-il, par ses chants de louange " dans Aggadoth du Talmud de Babylone, *La source de Jacob, 'Ein Yaakov* : traduit et annoté par Arlette Elkaïm-Sartre, Paris, 1983, p 60.

[59] *Zohar sur Ruth* 95a.

I.6 Ruth et la fête de la moisson (Shavu'ot)

Ce dessin est une œuvre de l'esprit à main levée d'un collègue d'auditoire (en Musique- INA-Kinshasa), à qui j'avais demandé de me faire une image d'un certain nombre de personne au chant, moissonnant. Voilà, l'état de sa grande inspiration qu'il m'avait produit. Tout ce livre est condensé dans cette image ci-dessus. Tout ce que mon cœur voulait dire de Ruth (Un œil, avisé pour voir plusieurs personnes et Dieu lui-même).

La *megillat Ruth* occupe une place particulière dans la liturgie puis qu'elle est lue toutes les années lors de la fête de *Shavu'ot*[60] (de façon différente selon les communautés[61]). Il existe trois relations essentielles entre Ruth et la fête de *Shavu'ot* : la saison de l'année (la fin du printemps), la bonté (*hesed*) et la conversion.

En effet, le calendrier liturgique de l'Israël biblique compte principalement six fêtes annuelles. Nous avons la fête de <u>*Yom Kippour*</u>, le jour des expiations ou du grand pardon (Lev.16, 29 ; Nb. 19, 7…), la fête de l'Hanoukka, fête de la Dédicace (Ne.12, 27), la fête de <u>*Purîm*</u>, la fête des sorts (Est.3, 9 ; 9, 1-18) ; la

---

[60] *Shavu'ot* est la fête juive dite des Semaines ou Pentecôte. Elle est célébrée à la fin du printemps pendant le mois hébreu de *sivan*, cinquante jours après *Pesah* (Pâque juive), *pentacosta* voulant dire cinquante en grec. A l'époque biblique, la fête était une action de grâces pour la récolte des moissons. Plus tard, la tradition l'associa à la remise des Tables de la Loi sur le mont Sinaï. La célébration de *Shavu'ot* comprend la lecture du Livre de Ruth et la décoration du foyer et de la synagogue avec des fruits et des fleurs.
[61] Les communautés ashkénazes et yéménites lisent la *Megillat Ruth* le deuxième jour de *Shavu'ot*. Les séfarades la lisent en deux parties : de *Ruth* 1, 1 à 3, 8 le premier jour et de 3, 8 à 4, 22 le deuxième. Dans tous les cas, la lecture se fait dans l'après-midi.

fêtes de *Pessah*, fête des Azymes liée peu à peu à la solennité de la Pâques (Ex. 12, 1-36) ; la fête de la *Shavu'ot*, fête de la moisson, fête des semaines ou Pentecôte (Ruth 1-4) ; et la fête de *Huttes*, dite aussi la fête des Tentes ou des Tabernacles (Ex23, 16 ; Lv 23, 33-38 ; Nb 29, 12 ; Dt 16, 13 ; Jg 21, 19).

L'entrée de la Moabite appelle tout lecteur à la pentecôte, fête de la moisson. Qui moissonne ? Et qui est la moisson ? Une thématique importante s'ouvre quand il faut lire Ruth lors de la fête de la moisson. C'est le temps de Ruth.

Au temps prévu

Rien n'est fait au hasard. Il y a toujours une suite, lors qu'un début s'amorce. Chez Ruth, c'est comme si tout était prévu. L'histoire de Ruth se déroule pendant la récolte de l'*Omer*. Voilà son temps ! Cette récolte avait lieu le deuxième jour de Pessah (à partir duquel on compte cinquante jours jusqu'à *Shavu'ot*). L "omer est une gerbe composée de plusieurs céréales qu'on amenait en offrande au Temple[62]. Ce n'est qu'après avoir présenté cette offrande qu'on avait le droit de consommer le produit des récoltes qui avaient poussé au cours de l'année écoulée. Le commandement concernant la présentation de l'*omer* au Temple ne peut s'accomplir qu'en Israël, car il est essentiellement lié à la terre[63], et tous les commandements qui sont liés à cette terre ont en commun le rappel de la précarité des possessions matérielles.

En effet, contrairement aux contrées riches en eau comme l'Egypte par exemple, arrosée par le Nil, toute la récolte en Israël dépend de l'abondance des pluies qui est, comme on peut le lire dans la Bible, fonction de la conduite morale et

---

[62] En ce temps-là, le Temple n'existait pas encore et c'est *Shiloh*, où Josué avait déposé l'Arche (*Josué* 18, 1), qui était le lieu de culte principal et de gouvernement, l'endroit où les fils d'Israël se retrouvaient pour les fêtes annuelles à l'époque des Juges (*Juges* 21, 19).

[63] *Lévitique* 23, 10 : "*[...] quand vous serez arrivés dans le pays que je vous accorde, et quand vous y ferez la moisson, vous apporterez un omer des prémices de votre moisson au pontife*" et *Lévitique* 23, 11 : "*lequel balancera cet omer devant le Seigneur, pour vous le rendre propice [...].*"

spirituelle des habitants du pays. Ruth arrive en Israël au moment où l'on récolte justement cet *omer* qu'il faut apporter au Temple. On peut facilement la prendre pour quelqu'un qui était préparé pour ce temps-là. Il semble donc que pour elle, comme pour l'ensemble du peuple juif, l'acte nécessaire de la conversion doit passer par la conquête du pays, à l'image de Josué qui a dû, lui aussi, affronter cette difficulté concrète. Ruth doit conquérir le pays, car rien ne lui est donné au départ ; elle se trouve dans le dénuement, réduite à la mendicité. Seule la foi indéfectible peut la permettre de passer du statut de princesse à celui de mendiante. C'est le voyage des héros. Elle est gagnée au nom de la foi en Dieu d'Israël.

En qu'il faut voir, en l'Omer de Dieu, la gerbe qui porte en son sein plusieurs céréales qui sont les gentils qui suivront ses pas pour un engagement sans restriction en seul Dieu. C'est un effort de Dieu lui-même car elle n'a pas été évangélisé par qui que ce soit. Seul Dieu sauve. Lire bien sa saison permet de bien saisir son appel au temps de Dieu. Cet appel ne permettra jamais d'osciller aux événements mais plutôt percé vers la destinée. C'est le voyage des héros encore une fois.

Ruth, un rappel à la bonté juive

La Torah, qui a été donnée aux Hébreux le jour de la fête de *Shavu'ot*, a été définie dans le midrash par le mot *hesed* qui signifie bonté, et l'histoire de Ruth tourne, elle aussi, autour de ce concept. Ruth est la personnification de la bonté et de la générosité, comme nous l'avons vu plus haut. Cette signification était sous-entendue de la bouche de Naomi. : « [...] *que l'Eternel vous accorde sa bonté [...]*[64]", bénissant ainsi des étrangères moabites. Chaque juif devait faire preuve de cet esprit de la générosité et de l'ouverture juive vis-à-vis des autres peuples. Le livre de Ruth montre que cette vertu n'a pas eue lieu chez le juif. Sa présence

---

[64]*Ruth* 1, 8.

dans la Biblia Hébraïca est un anti-Esdras, qui prônait la répudiation des épouses non-juives, symbole d'un mouvement de repli du Judaïsme sur lui-même.

La conversion

La célèbre confession et adhésion au judaïsme ne pouvait laisser les scientifiques indifférents. La soif serait d'en tirer encore profit. Faut-il encore le dire, Ruth est la plus célèbre des prosélytes et la lecture de la *megillah* se fait le jour où le peuple tout entier a accepté la Torah, faisant ainsi acte de conversion.

Dans Ta Biblia Yebamot 47a, lorsque Ruth[65] dit à Naomi : "*(...) partout où tu iras, j'irai(...)*", le commentaire fait parler Naomi : "*nous sommes soumis à six cent treize commandements*", et Ruth de répondre[66] : "*(...) ton peuple sera mon peuple [...]*" alors Naomi[67] "*(...) voyant qu'elle était fermement décidée à* l'accompagner. On peut rapprocher cette idée de ce texte de Dt 11, 10 – 17 qui dit : « *Car le pays où tu vas pour le conquérir ne ressemble point au pays d'Égypte d'où vous êtes sortis, [..] »* etc. *d'insister auprès d'elle*"[68]. Ruth a manifesté ainsi sa ferme intention de se convertir bien que Naomi se fût opposée à trois reprises à son désir, attitude qui fait partie des tests de sincérité du désir de conversion. Au vu de son origine maudite en quelque sorte, elle fait face à la contrainte pourvu qu'elle gagne son pari.

Il n'est pas possible de nier que Luc dans les Actes des Apôtres, au chap. 2, vient apporter du nouveau dans l'action de Dieu sur l'unité de l'humanité : C'est la pentecôte. Pendant que l'orgueil des hommes a permis à Dieu de brouiller la langue des hommes pour qu'ils ne s'entendent pas (Gn 11, 7), le livre de Ruth

---

[65] *Ruth* 1, 16.
[66] Ruth 1, 16.
[67] *Ruth* 1, 18.
[68] Extrait de *Aggadoth du Talmud de Babylone, La source de Jacob, `Ein Yaakov* : traduit et annoté par Arlette Elkaïm-Sartre, Paris, 1983, p 602-603.

anticipe celui des Actes et doit être lu comme une anticipation d'une moisson. La pentecôte, qui, désormais ne brouillera plus les langues de la terre mais dont la diversité et l'accueil de ceux du dehors ne fera que réunir toutes ces langues à l'écoute des merveilles de Dieu (Act. 2, 8.11). Ruth rappelle que les gentils qui viendront comme pèlerins, seront en face de l'action de Dieu pour leur propre décision, pour une conversion hors pair : trois milles conversion dans un seul discours (Act 2, 41). C'est le parcours des héros. En Ruth c'est la pentecôte. C'est Dieu qui moissonne et qui anticipe les conversions de notre temps.

Somme toute, Les quatre chapitres de Ruth peuvent être parfois difficiles mais toujours passionnants. Il est important de le savoir : le Seigneur est une Histoire qui contient toutes les histoires. Ici, le caractère pluriel ne veut pas dire autres choses que nos différences. Tu es la correspondance réelle de ton temps pour un engagement ferme. Le livre est également un appel par rapport aux différents thèmes développés ! Se voir en Ruth, serait une bonne manière de lire et dire Dieu dans son propre langage simple ; mieux dans sa propre histoire pour une objectif précis pour lequel, on existe. C'est le Dieu passif qui nous rend actif dans les vissicitudes de la vie car tout concourt au bien de ceux L'aiment. C'est encore les héros qui s'expriment de cette manière.

2ème Partie

II. 1 Contexte et Analyse Globale

Contexte large

L'analyse du contexte s'impose comme « principe de base » pour une compréhension d'un texte. Pour ce cas, un autre horizon se profile. En effet, nous ne pensons pas faire, dans cette partie du livre, une exégèse complète, mais de le (le livre) saisir dans son aspect général en vue d'édifier la foi de chrétiens dans une allure de vivre une vrai et réelle différence de la providence de Dieu dans son histoire en tant que hommes et femmes. Quand les juges dirigent, il y a une famine (1, 1) ! Notre déduction peut sembler brutale mais elle vaut son pesant d'or. Sans tirer le texte par les cheveux, un (e) lecteur(trice) éveillé (e) doit faire attention au début même du livre en question. Outre la raison selon laquelle l'auteur exhibe à quel niveau ; il était difficile d'intégrer une nouvelle interprétation par la présence de la Moabite auprès de ceux qui savent interpréter la loi juive ; le contexte large peut aussi ouvrir la possibilité à une autre perspective. Comment avoir un autre aperçu sur la large compréhension ?

En effet, le livre qui lui <u>précède</u>[69], celui des Juges, décrit deux faits inhumains à sa fin. En premier lieu, il s'agit d'une autorisation du viol par les anciens de l'assemblée d'Israël (Jg 21, 21). Un cas qu'ils estiment justifiable (Jg 21, 22). Nous sommes appelés à lire l'entrée de Ruth ou son insertion dans ce contexte de « tohou va vohou », du désordre total des juifs. En second lieu, pour l'auteur, Israël est dans une anarchie totale (Jg 21, 25[70]). Autrement dit, Israël est dans un chaos total, où rien ne marche. Ces indices ouvrent la porte au livre de Ruth. Les juges ont-ils échoué l'administration ? Cette question mérite une autre attention particulière. L'heure est tellement grave, au point que deux voies peuvent être possibles. D'abord, on peut imprudemment penser d'ailleurs que ces sont les

---

[69] Ici, je fais référence à la Bible chrétienne parce qu'en fait, l'ordre dépend aussi de version.

[70] « En ce temps-là, il n'avait point de roi en Israël. Chacun faisait ce qui lui semble bon (Jg 21, 25)». On peut lire cette annotation également au Chap 17, 6 ; 18, 1.

différentes tentatives de Dieu, de mettre un chef en Israël (de Otniel, Deborah, Gédéon, Jephté, Samson…etc.) ont échoué. Pendant chacun dirigerait selon un temps donné mais qui se solder de manière horrible. Le cas de Samson est une catastrophe. Ensuite, il est également logique de penser que Dieu s'est enfin fatigué. A partir du chapitre 17-22 du livre des Juges.

Contexte proche

Quant aux livres qui le <u>succèdent</u>[71], le premier et deuxième Samuel, la teneur est encore grave. A la première vue, on peut manquer comment interpréter l'histoire d'un homme comme Elkana à l'entrée de jeu. La plupart des prédicateurs focalisent leur attention sur Anne, moins sur Peninna encore moins sur Elkana. Juste pour dégager un acte de consolation que pose le Seigneur dans la vie de « Anne (1 Sam 1, 22-28) ». Loin de cette observation, il y a aussi Peninna et Elkana qu'il faut voir ! Tentons une explication du contexte ici. En effet, Elkana est un homme fervent, selon le dire la Bible. Il est également capable de faire de sacrifice à Dieu. La Bible le reconnait, cependant, il avait deux femmes (1, 2). Cet aspect semble mettre exergue un non-dit dans le détail du bloc. En outre, elle (l'astuce donc) échappe souvent aux yeux de plusieurs lecteurs de la Bible. La polygamie est-elle encouragée ici ? Certes, non !

Pour comprendre cette introduction, il faut peut-être aller loin dans ces livres. Peut-être que, de l'inquiétude de Dieu, une lumière peut jaillir. Israël voulait avoir un roi visible comme d'autres peuples. Une manière de chercher des solutions intermédiaires quand on se sent limiter de fois. L'une des thématiques que le bloc 1&2 Samuel développent. Cela a beaucoup inquiété Samuel. A cette vue, nous estimons que l'auteur montre à quelle polygamie, il fait allusion peut-être. Comme pour dire que dans ce livre et beaucoup d'autres de la Bible ; Dieu n'autorise pas

---

[71] La raison reste celle de la note (68).

la polygamie. Mais, ce chapitre premier du livre de Samuel nous donne un aperçu général d'un contenu de l'infidélité d'un peuple vis-à-vis de son Dieu. Et le livre de Juges également référence à cette idolâtrie à plusieurs niveaux (Juste une parenthèse).

Voici quelque part l'indice. On peut partir de l'inquiétude de Dieu. L'Eternel dit : *« Ecoute la voix du peuple…car ce n'est pas toi qu'ils rejettent, c'est moi qu'ils rejettent…jusqu'à ce jour, ils m'ont abandonné pour servir d'autres dieux (1 Sam 8, 7-8) ».* Comme tout être, nous pouvons sentir ce que Dieu ressent en lui-même à partir de cette phrase. Au départ, c'est la crise qui s'installe (Jg 21, 25). Ensuite, Israël ne veut plus avoir un Roi invisible. Le soi-disant Roi qui commande à travers les juges qui sont d'abord en faillite selon (Ruth 1, 1). Encore que, la série des juges, via Samuel (1 Sam 7, 15), est trahie par le comportement de ses descendants (1 Sam 8, 3).

Voilà, un facteur qui peut expliquer cette polygamie à l'introduction dans ce livre de la Bible. Et dans la suite, Israël veut ressembler aux autres nations (1 Sam 8, 20) : autrement dit, nous voulons être polythéistes. Une vérité est possible ici. Lorsqu'on veut ressembler aux autres, on perd sa spécialité. Et la suite montre que, les livres historiques qui se succèdent étalent les faiblesses des rois humains. Un enchainement des royautés va suivre mais quel type de roi ? Et peu, seront ceux qui vont marcher selon le Seigneur. Dans le souci d'avoir un roi (1 Sam 8, 18-19), comme d'autres nations, Israël réduit au maximum sa particularité. Son implication est néfaste pour la vie de cette nation.

Parfois vivre la différence nous rend utile et plus attrayant dans notre milieu ambiant. L'entrée de la Moabite est à lire dans cet aspect. Pendant que le peuple Dieu semble oublier ce que Dieu a toujours été pour eux (en Naomi), il fallait que l'auteur exhibe un modèle de l'étranger qui envie de devenir peuple de Dieu. Et Ruth dit « ton Dieu sera mon Dieu… (1, 16) ». Elle veut vivre histoire différente de celle de son tribut. Vivre pour l'Histoire, le seul vrai Dieu d'Israël que, Israël, lui-même, ne sait pas reconnaitre. Les parcours héros, une fois. Ruth endosse un vrai modèle d'intégration.

En somme, le contexte large, proche et immédiat, décrit le schéma suivant : quand nous lisons Juges, nous nous rendons compte que, Israël est dans une anarchie (Juges). Ce qui conduit à une considération superficielle de l'Eternel. Il est seulement, un Dieu connu de tous, sans aucune expérience personnelle comme l'a fait Gédéon (Jg 6, 1ss). Chez Ruth, cet Eternel reste dans la confession sans son implication dans le parcours humain (Ruth). Il est à mesure de détruire la vie, mettre son peuple dans un état de désespoir total. Il est donc passif. L'auteur se servira de Ruth pour faire revivre l'actif de Dieu dans l'histoire de son peuple par le lien de la filiation : le Christ. Chez Samuel, il ne faut même pas compter sur lui. Il faut au contraire se faire quelqu'un d'autre de visible pour être à mesure d'échanger avec (1&2 Samuel). Telle est la vue générale de trois livres (Juges - Ruth - Samuel) que nous proposons, somme toute. C'est dans ce contexte que nous invitons le lecteur à lire l'entrée de la Moabite où du gentil dans l'histoire du Salut. C'est en elle qu'il faut lire le rappel et la correction faite aux juifs car Dieu n'a jamais eu de partis pris. C'est une image d'un Salut Universel où Dieu montre qu'Il ne fait point de favoritisme (Gal 2, 6) : une élection au moyen de la grâce. Dieu étale sa providence invisible à l'homme sans parti pris dont Ruth serait donc la symbolique.

II. 2 De l'histoire à la théologie

Au vu du contenu, Lacocque pense que ce livre a été écrit à l'attention des Israelites[72]. Bien sûr que oui. Mais il est également possible de s'en approprier car le récit est une histoire de chacun. En fait, l'histoire tire son départ de la terre étrangère malgré une présentation d'Elimélek comme un Bethléemite. L'auteur s'intéresse ici à l'entrée et la présence d'une Moabite que de la sortie d'une famille juive, peut-être par manque d'esprit de partage. Le motif de l'exode, c'est la famine (Ruth 1, 6), mais nous avons montré à notre première partie qu'il s'agissait plutôt de l'égoïsme.

Malgré l'expulsion sévère contre ce peuple étranger (Moabites) repéré dans plusieurs textes de dates différentes dans Bible. Il y a l'Histoire qui accompagne l'histoire. Dans ce livre de Ruth, nous pouvons citer par exemple la condition précaire des veuves sans enfants dans le monde ancien, le droit de rachat, et bien d'autres détails importants du livre, ces éléments ne s'expliquent que par d'autres textes bibliques sous-jacents[73]pour montrer la vue de Dieu (Histoire). Les différents commentaires scientifiques de ce livre le soulignent. Selon eux, le livre de Ruth entraine le lecteur dans une histoire fascinante avons-nous dit. Et il est d'une émergence si particulière au 7ème siècle av. J-C. Loin de là, le livre de Ruth ne mentionne pas le nom de son auteur de façon spécifique, encore moins de manière vague. Cependant, la date exacte de rédaction du livre de Ruth est incertaine. L'opinion la plus rependue et la plus plausible soutient que le livre aurait été écrit au 6ème siècle av ; J-C au temps d'épuration ethnique sous Esdras et Néhémie. C'est une histoire d'un contenu parlant et s'adressant à des générations croyantes auprès de qui, le Dieu passif (dans leurs bouches) est en action pour une confession de foi.

---

[72] André LACOCQUE « Le Livre de Ruth », Genève, Labor et Fides, 2004.
[73] Faire chaque fois attention aux références bibliques dans les traductions.

La lecture faite du livre laisse transparaitre deux réalités : une lecture historique et une lecture théologique. C'est dans cet embarras que nous pensons que, le regard doit être plus théologique qu'historique. Sans nier l'historicité du récit. D'abord, l'entrée dans l'histoire du Salut d'un peuple étranger qui rappel (Rom 9, 25-26) dont le contour dans la narration, avons-nous dit, exhibe un certain effort parce que ça n'a pas été facile chez les conservateurs juifs. L'auteur expressément supprime les figures masculines pour ne restez qu'avec les femmes ! Ce qui limite déjà la possibilité d'une pérennisation des générations.

En dehors du beau sens que traduit le nom d'Elimélek[74], les noms de ses deux enfants[75] donnent raison à l'ancre de l'auteur de les supprimer. L'auteur construit un environnement confortable pour montrer que Dieu peut recréer sans maintenir une ligne traditionnellement connue d'une culture. Et Orpa dont le nom signifie « le cou raide » est écarté pour laisser place l'agréable (Naomi) et l'amie ou l'aimé (Ruth) de redémarrer un parcourt rompu. Le passif de Dieu décide de faire une marche en arrière, une récapitulation des autres nations pour une nouvelle création. Mais c'est avec les femmes.

Ceci ne rappelle-t-il pas une conception virginale de Marie dans les évangiles (Mt et Lc) ? L'auteur montre que Dieu part d'une confession de foi et d'une simplicité. Nous y reviendrons, pour construire la suite. Au-delà de cette option, l'auteur insinue revisiter une manière de la considération de la femme. Ruth n'est pas à négliger parce qu'on doit la retrouver dans la généalogie de Jésus que décrit Matthieu (1, 1-6). En outre, ce livre enseigne que l'amour authentique exige un sacrifice sans retour. Quel que soit le sort que la vie nous réserve, nous pouvons vivre selon les préceptes de Dieu. Il est question de savoir que l'amour et la bonté authentiques seront toujours récompensés. Dieu récompense les gestes caritatifs. Il peut parfois étaler sa bonté même à ceux qui ne le connaissent (état d'esprit)

---

[74] Elimelek signifie Mon Dieu est Roi.
[75] Mahlon signifie Faiblesse et Kilyion signifie languir

pas à cause de l'amour et la bonté. Cependant, la vie d'obéissance ne laisse aucune place au « hasard » dans le plan de Dieu : Histoire. L'implication est que Dieu étend sa miséricorde à toute personne quelle que soit son origine.

II 3 Livre de RUTH ou Généalogie de DAVID ?

L'auteur du livre ne fait aucune mention sur une quelconque autorité qu'il pense défier malgré son introduction si frappante. Ce qui l'intéresse, c'est la famille[76] d'un homme, Elimélek, qui d'ailleurs va disparaitre juste au début de l'histoire pour laisser place à sa femme Naomi et sa belle-fille : Ruth (1, 1-5). Les traducteurs ont eu le courage d'appeler ce livre : « Ruth » ; peut-être suite à ses va et viens si intenses. Elle y est citée 17 fois dans le même livre. En outre, le livre se présente comme « RUTH ». Est-ce que l'auteur nous présente Ruth ? Veut-il parler en détails sur Ruth ? Plus loin dans la conclusion, apparemment, son intention était de montrer plutôt l'origine de David, un roi selon le cœur de Dieu, qui hérite d'un sang païen (Non Juif).

Dans tout le livre, les actions de Ruth sont à souligner. Nous retiendrons trois versets qui semblent être ''clés'' du livre en question. Le livre centre son message sur le thème du « retour[77] ». Certes, pour Naomi, il s'agit d'un retour. Par contre, Ruth n'a jamais été à Judée. Mais la racine ''tsuv'', peut indiquer un retour physique mais aussi une repentance[78]. Ceci dit, le retour de Ruth signale le fait de tourner le dos aux plaines de Moab ; elle rachète le péché ancestral ; son mouvement est celui de retour. André Neher l'explicite encore mieux en ce terme : « le retour n'est pas, dans le temps biblique, un recommencement d'histoire, mais la continuation d'une histoire dont la poursuite paraissait impossible ». [79] Et donc, je pense répondre à cette question principale du livre ou de la généalogie à partir d'une série de trois versets que je juge dans tout le livre. Alors, quels sont ces versets clés du livre ?

---

[76] Famille d'Elimélek : Naomi sa femme, avec deux enfants mâles à savoir : Mahlon et Kilyon. Qui ont effectivement pris comme femmes les Moabites, Orpa et Ruth.

[77] Statistiquement, la racine verbale « retourner » apparait 12 fois dans ce chapitre. L'autre verbe de mouvement « aller » y revient 2 fois.

[78] A. LACOCQUE, Op. Cit., p.41.

[79] A. NEHER, L'essence du prophétisme, Paris, PUF, 1955, pp. 259-260.

Nous avons :

- ***Ruth 1, 16-17****. Ruth répondit : Ne me presse pas de te laisser, de retourner loin de toi ! Où tu iras, j'irai, où tu demeureras, je demeurerai, ton peuple sera mon peuple, et ton Dieu sera mon Dieu ».*

- ***Ruth 3, 9****. « Boaz, Il dit : Qui est-tu ? Elle répondit : Je suis Ruth, étends ton aile sur ta servante, car tu as droit de rachat ».*

- ***Ruth 4, 17*** *: « les voisines lui donnèrent un nom, en disant : Un fils est né à Naomi ! Et elles l'appelèrent Obed. Ce fut le père d'Isaïe, père de David ».*

Ces versets clés traduisent le schéma que nous préférons intituler : « Du retour à l'accomplissement ». Son développement dans les lignes qui suivent. Ces trois versets ci-haut partent de la confession de foi de Ruth (1, 16-17), passant par la question identitaire de Ruth, une symbolique de l'humilité (3, 9), pour un salut Universel dont Obed symbolise le résultat de la patience.

De retour à l'accomplissement

a) La confession de Ruth 1, 16-17

Le point de départ est la structure qui vient de la confession de Ruth. Nous estimons l'interpréter comme une confession d'attachement, et donc d'un engagement sans recul : Ruth 1, 16-17. Cette structure se présente de la manière suivante : **A B C B' C'A'**. Les idées doivent être prises en parallélisme synthétique, synonymique et chiasmatique en **B C** et **B' C'**, encadrer par **A** et **A'**.

> *A.* *Ne **Me** presse pas de **Te** laisser, de retourner loin de **Toi** !*
> *B.* *Ou tu iras, j'irai, où tu demeureras, je demeurerai,*
> *C.* *ton peuple sera mon peuple, et ton Dieu sera mon Dieu.*
>
> *B'. Où tu mourras, je mourrai, et j'y serai enterrée.*
>
> *C'. Que l'Eternel me traite dans toute sa rigueur,*
>
> *A'. Si **autre chose** que la **mort** vient à **Me** séparer de **Toi** !*

Principaux thèmes

Foi et Engagement

Dans la perspective synonymique, l'auteur expose dans (**A**) et (**A'**) la confession de Ruth sous forme d'une introduction hyper phobique. Ruth a eu ces paroles sublimes : *ne me presse pas de te laisser, de retourner loin de Toi.* Elle est disposée de tourner le dos aux idoles moabites. Elle a prouvé qu'elle préférait la compagnie de sa belle-mère. Pour l'auteur, à notre sens, la foi de Ruth revendique une liberté de décision. A la place de la pression[80] qu'a exercé Naomi (1, 15). Ruth a tendance à faire un lien entre la pression de Naomi et les, « autre chose » semblable à la « **mort** » qui peuvent les séparer. Une foi de décision, qui n'a ni trait au matériel, ni ignorer son origine mais qui valorise son attachement[81]. Quelle étrange décision de la part de la Moabite ? Que peut-on dire alors du parallélisme (**BB'**) ?

Providence de Dieu

Le (**BB'**) vient faire croître la teneur de la décision. Même si la finalité peut être la mort, ça vaut la peine. Ce qui est encore fort, elle dit : « j'y serai enterrée ». L'expression de Ruth appelle Naomi au sens de la décision dont le fond est au cœur de la « foi en Dieu » et non dans le trait physique. En elle se profil la confiance totale en Dieu, que, Israël rend plutôt passif que, actif. D'où, le point culminant sera « ton Dieu sera mon Dieu ». Elle défi le judaïsme contre le mariage mixte. Cette perspective interpelle les cultures qui imposent à leurs filles ou

---

[80] Voici ta belle-sœur est retournée vers son peuple et vers ses dieux ; retourne, comme ta belle-sœur.

[81] Cependant, sa réponse pose un double problème d'interprétation. Un problème de forme, car elle utilise une formule redondante, *t'abandonner et m'en retourner*, alors qu'il suffisait de dire *t'abandonner*. C'est pour montrer sa volonté de ne pas renoncer à la compagnie de Naomi et de s'unir à elle. Le deuxième problème porte sur le fond : elle commettrait une faute en suivant sa belle-mère contre sa volonté, car il est contraire à la morale de vouloir imposer sa présence à quelqu'un qui n'en veut pas. Et le fait que Naomi lui ait demandé à plusieurs reprises de retourner chez les siens, donne l'impression que, soit elle ne désirait pas sa compagnie (ce qui serait plutôt négatif), soit qu'elle pensait sincèrement que c'était préférable pour elle. La réponse de Ruth signifie : si tu me demandes seulement de te quitter parce que tu ne m'aimes pas, alors je partirai ; mais si tu me dis de te tourner le dos, je ne le pourrai jamais, car je ne peux tourner le dos à la spiritualité que tu représentes pour moi.

garçons, un choix des conjoints ou conjointes que la famille estime judicieux pour une fin des mariages coutumiers.

Plus loin, au regard de l'impression que certaines familles ont sur la personnalité de la femme, cet élément est encore fréquent dans nos sociétés africaines. Cette idée ici, n'étale pas le lien d'un mariage habituel entre tribu. Au-delà de celui-ci, Ruth exalte une appartenance à la culture et à la croyance en Dieu par le lien du mariage. Peut-être que l'auteur étale une autre nouvelle perception du mariage dans ce livre de Ruth. Les illusions sont ici revues. Cette perspective doit être aussi une préoccupation des églises qui confessent Jésus Christ comme Seigneur et Sauveur. C'est dans cette optique que Paul fait une certaine relation, « relation mari-femme » en parallélisme avec la « relation Christ-Eglise » (Eph 5, 21ss). Voyons un peu, ce que dégage le parallélisme synthétique (**CC'**) ?

Rédemption et Filiation

Au fait, la proposition (**C'**) est une implication dans le cas où la première appréhension (**C**) ne sera pas respectée. Ruth est d'accord de subir des conséquences qui en découlent et, si elle n'arrivait pas à respecter sa décision. Ici, nous estimons qu'elle chantait « jusqu'au bout, je veux te suivre ». Rire ! Une remarque est importante ici avant tout détails. Nous l'avons dit tantôt, que l'Eternel, Adonaï y est cité implicitement dans les actions des hommes. Dix-sept fois, Il est appelé *Adonaï*, comme une simple appellation du tétragramme YHWH qui ne peut être prononcée par un Juif (1, 6.8.9.13.17.21 ; 2, 4.12.20 ; 3, 10 ; 4, 11.12.13.14). Ces références s'inspirent du Nom que Moise a présenté au peuple tel que Dieu l'a recommandé (Ex 6, 2). Chez Ruth, toutes ces citations ont des sens. Retenons quelques-unes.

Une fois, Il est confessé comme « Dieu, *eloyah* » (1, 16). Une fois également, Il est dit « le Tout-Puissant, *Shaddai* » (2, 20). Enfin, une autre fois, Il est appelé le « Dieu d'Israël, *Yaweh elohê yisrâel* » (2, 12). De ces indices de confession, et pour mieux comprendre la portée théologique de l'auteur du livre de Ruth, il conviendra de faire une lecture rapprochée de deux appellations. Premièrement, de l'appellation qui vient de la confession de Naomi. Elle dit : « car le *Tout Puissant* m'a rempli d'amertume… (1, 20) ». Le sentiment qu'elle affiche est en contraste avec la confession « Tout-Puissant, Shaddaï ». Bien sûr, dans le cas où, cela suppose que le Tout-Puissant devrait vaincre tout ce qui est contraire à l'attente de Naomie. Mais hélas ! Ce qui dit que, son vécu reste un paradoxe total à ce qu'on peut attendre du Tout-Puissant en Israël.

Pour l'auteur, à notre vue, Israël ternit l'image de Dieu et le limite aux lèvres au lieu d'une profonde confession à son endroit (Jr 11, 9ss). Ce qui justifierait quelque part, l'absence d'une action de Dieu dans tout le livre de Ruth : la passivité de Dieu. Ceci rappelle, le contexte Juges, Ruth et 1&2 Samuel. Ruth défie cette façon de voir les choses. En effet, cette situation ressemble à celle de ces deux individus qui partent ensemble, et dont l'un dit : je ne veux pas que tu viennes avec moi. Dans ce cas, l'autre doit obéir et ne pas imposer sa présence ; mais s'il lui avait dit de ne pas emprunter ce chemin avec lui et de retourner vers l'endroit d'où il est venu, le ton ne serait plus inamical. Ce qui rappelle également ces phrases que nous trouvons dans *2 Rois* 4, 13 : "*Il* (Elisée) *dit : "dis à cette femme : tu t'es donné tout ce souci pour nous. Que peut-on faire pour toi ? Que dire pour toi au roi ou au général de l'armée ? Mais elle répondit : je séjourne au milieu de mon peuple.*" Une manière de refuser. Il en est de même pour Ruth qui veut suivre le même chemin que Naomi.

Quand elle ajoute, *où tu mourras je mourrai,* Naomi, comme le pensent nos Sages, voit la volonté sincère de Ruth de venir s'abriter sous les ailes de la providence et elle commence à lui parler comme si, elle appelle Naomi à la conversion. Ruth a accepté tous les commandements, et en plus, elle a juré sur sa vie que Dieu lui fasse tous les malheurs du monde si elle devait mourir sans s'être convertie. Quand elle dit encore, *que l'Eternel me fasse ceci et ajoute cela,* elle accepte que viennent sur elle tous les malheurs possibles si elles étaient séparées autrement que par la mort. C'est comme pour David et Jonathan, qui étaient *chéris et aimables*[82] du fait de la perfection qui les caractérisait de leur vivant ; et seule la mort les a séparés. L'attachement de Ruth était tel que seul le passage de la vie à la mort serait capable de les séparer, mais elles resteraient ensemble dans la vie éternelle.

b) Dieu d'Israël, Dieu des Humbles : Ruth 3, 9

Une autre confession vient de Boaz. De la manière qu'il le prononce, en s'adressant à Ruth. « *Que l'Eternel te rendre...une récompense entière...de la part de l'Eternel, le Dieu d'Israël...sous ailes duquel...tu es venus te réfugier !* » Au fait, la confession « Dieu d'Israël », est à lire en rapport avec la fin du chapitre 2, verset 12. Il est important de savoir que cet auteur montre une valeur que les autres peuples accordent à Dieu par rapport à Israël, bénéficiaire de la faveur de sa Main puissante (1 Sam 8, 8). Pourquoi Ruth dit-elle : « Ton Dieu sera mon Dieu ?» Tout en lançant un défi à la foi de Naomi, elle atteste s'attacher à ce Dieu, qui a élu un peuple auquel, elle doit désormais appartenir. Elle cite Dieu, non comme une expression verbale et théorique mais d'une confession profonde. D'où l'auteur, de la bouche de Boaz, place la présence de Ruth dans une position sensible et significative : *sous ailes duquel...tu es venue te réfugier.*

Est-ce pour dire que, c'est dans une faiblesse des uns que profitent les autres ? Certainement vrai ! L'auteur, tout en présentant le Dieu d'Israël aux nations, montre la faiblesse même du peuple élu. La présence de Ruth dans l'histoire du Salut doit être lue à la lumière de cet extrait : « A tous ceux qui l'ont reçu, à ceux qui croient en Nom, elle donné le pouvoir de devenir... (Jn 1, 12) ». Au-delà des appellations, en Ruth 3, 9 ; « Elle répondit : *Je suis Ruth ... ta servante... tu as le droit de rachat* ». Cette phrase semble être magique et qui rappelle celle de Marie. « *Je suis la servante du Seigneur, qu'il me soit fait selon ta Parole* » (Lc 1, 38).

---

[82] *2 Samuel 1, 23 : "Saül et Jonathan, chéris et aimables durant leur vie, n'ont pas été séparés par la mort [...]".*

La suite de l'histoire de chacune dépendait de ces courtes phrases. En fait, Ruth est la pièce maitresse de l'accueil d'une grâce inimaginable et de l'abandon total de soi à Dieu. Elle endosse le péché des ancêtres pour une ouverture aux inédits. Tout gentil est appelé à se regarder en la personne de Ruth dans cette présentation monôme et massive. Le salut n'a jamais été une affaire de masse mais plutôt une affaire individuelle. En lui, Ruth a trouvé son identité : « Je suis ». Cette nature intervient face à une question qui semble accablante : « Qui es-tu ? ».

Rappelons que cette question est en rapport avec son identité. Et qui lui a été posé à trois reprises (Ruth 2, 5 ; 3, 9 ; 3, 16). D'après l'ancre de notre auteur, Dieu reste toujours absent. Il ne fait que présenter les hommes dans leurs relations sociales et interpersonnelles.

Ce qui surprend, c'est une nature simple qu'éprouve Ruth même là où elle pouvait jouir de son indemnité féminine[83] pour affaiblir le masculin. Elle choisit la voie de Dieu. Laquelle ? « Lequel, existant en forme de Dieu…, il s'est dépouillé lui-même en prenant une forme d'un serviteur…. (Phil 2, 6-7) ». Ruth de sa part dit : « …ta servante… (Ruth 3, 9) », dont l'auteur ne mentionne pas le jour ni l'heure de son recrutement dans un service chez Boaz. C'est de l'inédit que Dieu retire les humbles pour une publication sans équivalent. « …*Je suis Ruth, ta servante ; étends ton aile*[84] *sur ta servante, car tu es un go`el proche…*En regardant, les choses en face, comme minuit est l'heure propice à l'isolement, les gens parfaits s'isolaient à ce moment-là, comme David qui disait : *je me lève pour te rendre grâce*[85]. Cela entraînerait deux situations préjudiciables : pour la femme, dont on

---

[83] Comme Boaz était parfait, il a senti une présence étrangère à ses pieds et il a eu peur. Mais quand il a regardé, il a compris que c'était une femme couchée à ses pieds, et soit qu'elle l'ait frôlé, soit qu'il ait entendu sa voix ou qu'il ait vu ses cheveux à la lumière de la lune, quelles que soient les circonstances, il a demandé : *qui es-tu* au féminin. Elle a répondu de façon précise et immédiate, car on aurait pu exprimer des doutes sur sa moralité ; en effet, ce n'est pas l'usage qu'une femme vienne dans un endroit où un homme ne l'a pas invitée. Qui plus est, s'approcher la nuit du lit d'un homme pourrait laisser entendre qu'elle souhaitait avoir des relations sexuelles avec lui.

[84] Aile est une métaphore pour manteau ou pan de vêtement. La formule "étends ton aile" correspond ici à une demande en mariage.

[85] *Psaumes* 119, 62 : "*Au milieu de la nuit je me lève pour te rendre grâce, à cause de tes équitables jugements.*"

pourrait dire qu'elle est une prostituée, et pour l'homme, qui serait considéré comme un vicieux et un libertin.

Voilà ce que diraient les gens s'ils la voyaient chez Boaz, la nuit, en les prenant pour des amants. Un autre problème à dégager est le suivant : Naomi lui avait dit que Boaz lui expliquerait ce qu'elle devait faire, mais ce n'est pas exactement ce qui s'est passé. Elle n'a pas laissé Boaz lui dire ce qu'elle devait faire, elle a tout de suite dit : *étends ton aile sur ta servante* qui veut dire épouse-moi. Ce pas est-il hatif ? Certes, non. Il est curieux en Afrique (surtout dans ma culture de voir trouver une femme faire le premier pas en amour). Juste une parenthèse. Mais, il est question du temps et un parcours des héros.

C) Le Salut universel : Ruth 4, 17

Alors, s'agit-il de livre de Ruth ou généalogie de David ? On peut suggérer une réponse à cette question. Si l'on tenait compte de l'euphorie des voisines en Ruth 4, 17b, la dernière phrase est de la plume de l'auteur tardif. Contrairement aux oracles des naissances (Gn 16, 1-15 ; Jug 13ss ; Es 7, 10-17 ; Lc 2ss) qu'on peut trouver ici et là dans la Bible, parfois même les noms des enfants viennent de Dieu lui-même. Chez Ruth, la parole est donnée à la rue : les voisines. Deux observations au tour de ce verset dix-sept du chapitre quatre.

Primo, il s'agit de la paternité accordée à Naomi. Il est dit : « Un fils est né à Naomi ». Nos traditions africaines attribuent souvent l'enfant au père de l'enfant. Il n'est pas question de voir un mariage, entre femmes, qui semble prendre une ampleur à notre temps. Loin de là, il faut plutôt lire, une réponse accordée à celle qui pensait être inutile, improductive, sans valeur (Ruth 1, 11-13), qui soit rétabli par le passif, Seigneur, qui permet que Ruth conçoive. Une histoire qui trouve son « *kairos* », un temps d'accomplissement. Secundo, les mamans voisines se sont permises d'ailleurs de nommer l'enfant : c'est l'explosion de joie. Le droit de donner le nom à un enfant, dans nos traditions africaines, est donné au père de l'enfant. Nous ne pensons pas que cela soit le contraire chez les juifs. Un seul exemple convainquant est celui Zacharie. Muet de son état ; tous (voisines comme parentés) entendaient de lui le nom de l'enfant. Jusqu'à ce qu'il l'écrive sur une tablette (Lc 1, 63). Chez Ruth, les choses sont autres. Ce n'est pas Dieu qui envoie le nom ; même-s'il a permis sa conception. Ce sont les voisines qui décident ici. Il est dit : « les voisines lui donnèrent un nom… », et non « son nom… ».

 L'auteur de ce livre exacerbe une déconstruction de la culture juive. Parce qu'en fait cette attitude, fait appel à une relecture de nos traditions qui limite les uns pour les anéantir, et donne faveur aux autres pour le promouvoir. Il y a inversion de rôle. Le père et la mère, d'après de notre auteur, sont des simples observateurs de l'événement car Obed est le fruit de la confession et de la patience de Ruth. N'est-ce pas là une ouverture à l'universalité du salut à tous ? Obed est la joie de Tous. Venu de celle qu'on croyait venir avec la malédiction de la mort, la passivité de Dieu témoigne qu'en elle, la vie y est. Nous estimons affirmer que notre auteur fait face à la génération tardive dont l'attitude et comportement sont ancrés dans un esprit de rejet des autres, qui, probablement revendiquant le droit de paternité de David (tribus ; surtout les femmes…etc.). Nous pensons que l'esprit du verset (17c) du chapitre quatre voulait dire « *voici, l'origine de David, le vaillant, que vous estimez* ». Nous ne faisons pas un travail d'historiens pour interroger les fouilles archéologiques. Mais nous pensons que l'auteur répond aux problèmes d'appartenance à Dieu et à la revendication de droit d'une généalogie. D'où, le souci détaler l'universalité du Salut à partir des figures ténors même. A son époque, il est probable que ce peuple s'approprie les figures imminentes de l'histoire d'Israël, et réclame une appartenance à Dieu. Il le manifeste dans le rejet des autres peuples. La projection de cette image est flagrante dans le Nouveau Testament (NT). L'exemple le plus frappant est celui que nous tirons de l'Evangile selon Jean. Les juifs revendiquent d'être de la postérité d'Abraham (Jn 8, 33).

Ce n'est pas étrange de faire face à ce genre de comportement chez les Juifs. Bref, quand l'auteur de Ruth fait appel à ce thème ancestral, il veut orienter ses contemporains dans la manière de faire et de vivre. A dire vrai, l'auteur du livre de Ruth était un artisan de paix. Qu'est-ce qu'un artisan de paix ? Même-ci cette définition semble trop systématique, mais elle est synthétique. La pensée de l'éthicien Jules Kamabu Vangi, stipule qu'être un artisan de paix et de réconciliation dans notre monde, c'est simplement être témoin de Dieu dans notre monde aujourd'hui conflictuel.[86] Alors, quand cet auteur dit : « *ce fut le père d'Isaï, père de David »,* parlant d'Obed, il met plus un accent sur un lien entre Ruth et David, pour que, ceux qui pensent qu'ils sont issus de David apprennent à considérer, ceux du dehors. Ceci crée une corrélation entre cette adjonction de la généalogie de David à la fin et le reste du livre de Ruth. Car il s'agit du parcours tragique de Ruth pour éclairer les zones d'ombre de certains juifs et encourager tout celui qui entreprend une marche vers la bonne voie de Dieu.

Nous pouvons déduire que ce livre de Ruth, est écrit après l'événement David. L'auteur veut réorienter ses contemporains (Juifs) dans le contenu de la généalogie d'un personnage illustre. Il est probable que lui-même soit un Juif de la diaspora. De l'autre côté, il étale, la voix inattendue de Dieu qui appelle de loin d'autres peuples connus de lui-même : un mystère de la providence. Nous pouvons alors dire que : « le silence de Dieu n'est pas synonyme de son absence ». C'est en quelque sorte, ça, l'idée centrale du Livre de Ruth. Cette histoire d'amour et de dévouement va jusqu'à faire surgir un mariage de Ruth avec un homme riche appelé Boaz. Il est maintenant curieux de constater que l'auteur y expose l'action de Dieu. Il le dit de cette manière : « l'Eternel permit à Ruth de concevoir… ».

L'action de Dieu invisible est presque minime mais porteuse de sens. Il est là quelle que soit la couleur des événements. Le salut de Dieu passe par les faibles

---

[86] J. KAMABU V., « *Réconciliation des peuples et paix sur la terre des humains : perspectives théologique et éthique », in* Analyse Tonique n°04, *Goma,* ULPGL, 2008, p.20.

(femmes), veuves (sans soutient) pour une joie communautaire. J'ai personnellement vécu des expériences douloureuses. Ou la veuve, notre mère biologique devrait endosser les rôles de notre Père ; et voilà, ce que nous sommes devenue grâce à ses sacrifices. Mais pour l'instant ; il est peut-être curieux de constate que c'est la société qui bénéficie d'une éducation que nous a inculqué la pauvre veuve. Il est question de rétablissement de l'histoire par Dieu l'invisible.

Conclusion

Permettez-moi de dire ce qui suit. Loin de nous, la conception de croire avoir épuisé tout l'intérêt que peut susciter ce livre. Quelqu'un d'autre peut toujours l'aborder sous un autre angle selon l'orientation de l'Esprit de Dieu. De notre part, nous l'avons médité en vue d'adresser un message aux fils et filles de Dieu dont l'histoire semble étaler la passivité de Dieu, mieux, l'inexistence de Dieu. Le monde nous produit souvent des surprises tant agréables que désagréables hors paires. D'ailleurs, nous y sommes prévenus : « le disciple ne sera jamais plus grand que son maitre… ». Les combats de notre maitre (Jésus) seront nos combats également. Cependant, il y a à espérer tout de même.

En effet, le livre de Ruth met en scène deux histoires héroïques, Ruth et Naomi, et l'amour réciproque qui les lie. Il est le seul texte de l'Ancien Testament à porter le nom d'un Gentil. Ce point d'une importance capitale est déjà en lui-même un signe de la providence de Dieu. D'un bout à l'autre, le livre appel à une relecture de la Torah (Loi), à l'écoute d'un langage non audible, dont le son s'incarne dans l'histoire de chacun au moment des circonstances aussi inattendues, visibles dans les péripéties familiales. La passivité de Dieu est une action hors norme qui parfaire jusqu'à l'objectif fixé par sa grâce. Ruth ancêtre de David (Ruth 4, 22), ancêtre de Christ confessé (Mt 1, 5). Quand Dieu visite son peuple, c'est pour le bénir. La souveraineté de notre Grand Dieu est manifestée dans l'histoire de Ruth. Il a guidé chaque pas de Ruth sur le chemin qui l'a amenée à devenir son enfant, par l'abandon des dieux de Maob et, a accompli son plan.

De même, nous avons l'assurance que Dieu a un plan pour chacun de nous. Tout comme Naomi et Ruth, elles ont eu confiance en Lui pour pourvoir à leurs besoins. Nous avons besoins de lui accorder notre ultime confiance. Par ailleurs, nous sommes appelés également, outre l'image générale de païen (non juif), de voir en Ruth un exemple de la femme vertueuse de Pro 31, 10-31. Au-delà de son dévouement en tant que mère d'une famille (Ru 1 15-18 ; Pr 31, 10-12), elle s'est engagée à être fidèle à Dieu et d'avoir de lui une crainte respectueuse (Ru 2, 12 ; Pr 31, 30), la femme qui parle avec sagesse et bonté. Ses paroles sont gentilles, douces et respectueuses, à la fois envers Naomi et envers Boaz. La femme vertueuse de Pr 31 *« ouvre la bouche avec sagesse, et des instructions aimables sont sur sa langue »* (v.26). Nous pourrions la chercher longtemps avant de la trouver aujourd'hui qui soit aussi vertueuse et digne d'être notre modèle comme Ruth.

Par ailleurs, l'acte de « rachat », doit être vu comme modèle qui fut accompli par Jésus-Christ, qui nous rachète, nous qui étions dans la pauvreté spirituelle, de l'esclavage du péché. Notre Père céleste a envoyé son propre Fils à la croix, afin que nous puissions devenir enfants de Dieu, et le frère et sœurs de Jésus-Christ. Etant devenu notre Rédempteur, nous sommes désormais « son proche-parent ». L'identité devient honorifique quand nous avons cru. C'est une question de l'histoire incluse dans l'Histoire. Dieu contient des événements sans pourtant être infecté. Il reste l'origine et le sens de la vie. Comment ne pas croire. Pourquoi se décourager ! L'abandon est une marque de lâcheté quand Il n'a pas encore dit son dernier mot. Il est temps donc… !

Table des matières

Bibliographies

Ouvrages de références

a. La Bible africaine, R D Congo, Filles de St Paul, 2015.

b. La Nouvelle Bible Segond, France, Montélimar, 2002

c. LACOCQUE A., *Le livre de Ruth : commentaire de l'AT,* Genève, Labor et Fides, 2004.

d. MASSALI JP., Etudes du Commentaire du livre de Ruth de l'ouvrage de Moshe Almosnino, Rabin à Salonique au XVIe siècle. Mémoire de Master II Recherche- études Hébraïque et juives : Université Paris III- Sorbonne Nouvelle, 2009-2010.

Ouvrages généraux

a. AGGADOTH du Talmud de Babylone, *La source de Jacob*, 'Ein Yaako: traduit et annoté par Arlette Elkaïm-Sartre, Paris, 1983.

b. BRENNER A., *éd., Ruth and Esther: A Feminist Companion to the Bible,*
...

c. CRANDALL C. E., "The Book of Ruth, *The Hebrew Student*, Vol. 2, No. 1, 1882.

d. Mc FADYEN John Edgar, *Introduction to the Old Testament*, Londres, 1905.

e. Victor Hugo, *La légende des siècles*, Paris, Gallimard, Paris, 2002.

f. LEVINE Etan, *The aramaic version of Ruth*, Rome, 1973.

g. KRISTEVA Julia, *Etrangers à nous même,* Paris : Gallimard, 1991.

h. *Lettre Ouverte à Harlem Désir,* Paris , Beau Rivage, 1990.

Les articles

a. KAMABU Vangi si Vavi J., *Réconciliation des peuples et paix sur la terre des humains : perspectives théologique et éthique, in l'Analyse topique n°04, Goma,* ULPGL, 2008.

More Books!

yes
I want morebooks!

Buy your books fast and straightforward online - at one of world's fastest growing online book stores! Environmentally sound due to Print-on-Demand technologies.

Buy your books online at
www.morebooks.shop

Achetez vos livres en ligne, vite et bien, sur l'une des librairies en ligne les plus performantes au monde!
En protégeant nos ressources et notre environnement grâce à l'impression à la demande.

La librairie en ligne pour acheter plus vite
www.morebooks.shop

info@omniscriptum.com
www.omniscriptum.com

Printed by Books on Demand GmbH, Norderstedt / Germany